HEYNE BÜCHER

KEHRAUS

Drehbuch von

HANNS CHRISTIAN MÜLLER
GERHARD POLT
CARLO FEDIER

Im Anhang:
Gespräch mit Hanns Christian Müller,
Gerhard Polt und Gisela Schneeberger
Der Stab
Die Darsteller und ihre Rollen

ORIGINALAUSGABE

WILHELM HEYNE VERLAG
MÜNCHEN

HEYNE-BUCH Nr. 01/6273
im Wilhelm Heyne Verlag, München

Printed in Germany 1983
Titel-Illustration: Gottfried Helnwein

Innenfotos: Neue Constantin Film, München
Umschlaggestaltung: Atelier Ingrid Schütz, München
Gesamtherstellung: Ebner Ulm

ISBN 3-453-01921-0

1 Wohnung Weitel/Wohnküche Innen/Spätnachmittag

Man sieht WEITELS *Hand auf dem Küchentisch.* V. MEHLINGS *Hand reicht eine Versicherungspolice sowie einen feudalen Kugelschreiber.*

WEITEL
Wo soll ich jetzt da bitte?

V. MEHLING
Hier. Bei der Lebensversicherung brauche ich den vollen Namenszug, Herr Weitel.

WEITEL
Ah da?

V. MEHLING
Hier.

WEITEL
Ah so ja. Schön.

WEITELS *Hand unterschreibt: Ferdinand Weitel.* V. MEHLINGS *Hand reicht eine zweite Police, nimmt die erste Police weg.*

V. MEHLING
Also einmal Leben 35 000 Mark dynamisch, dann hier die private Haftpflicht.

WEITEL
Wo? Da? Ah ja.

V. MEHLING
Ist mir ein Rätsel, wie Sie bisher ohne Haftpflicht durchgekommen sind.

WEITEL
Ja mei, Glück ghabt.

V. MEHLING

Das können Sie laut sagen, Herr Weitel.

WEITELS *Hand unterschreibt.* V. MEHLINGS *Hand nimmt zweite Police, reicht dritte Police.*

V. MEHLING

So dann einmal Hausrat.

WEITEL

Wo? Da? Ah ja.

WEITELS *Hand unterschreibt.* V. MEHLINGS *Hand nimmt dritte Police weg, reicht vierte Police.*

V. MEHLING

So, als nächstes hättn wir dann Sturm und Wasser, da hams ja ganz schön viel Schreibarbeit, Herr Weitel, hahaha . . .

WEITEL

Ja, hahaha . . .

V. MEHLING

Na ja, gleich ham wir's hinter uns, den Rest erledigen dann wir, ah Reisegepäck. Wo fahrn wir denn heuer hin, Herr Weitel?

WEITEL *unterschreibt.* V. MEHLING *reicht die nächste Police.*

WEITEL

Mei, vielleicht wieder a paar Tag an' Klopeiner See, je nachdem, wie's mir nausgeht . . .

V. MEHLING

Da müssen Sie bitte unterschreiben, Herr Weitel. Hier rechts unten . . .

WEITEL

Ah ja, rechts unten.

WEITEL *unterschreibt.* V. MEHLINGS *Hand nimmt Versicherung 5 weg, reicht Versicherung Nummer 6.*

V. MEHLING

So, gleich sind wir durch, hier nur noch die Unfallinvalidität. Bleiben wir bei 20 000 wie gehabt, ab 90 % Invalidität gibts dann eh das Doppelte. Nehmen wir an, Herr Weitel, Sie arbeiten doch in 'nem Baustofflager . . .

WEITEL

Ja. Ich fahr meistens an Gabelstapler, aber zur Zeit nur halbtags, also Kurzarbeit . . .

V. MEHLING

Sehen Sie, irgendeine volle Kiste fällt Ihnen aufn Kopf, also wir wollen nichts beschwören, Herr Weitel, aber ein ausgelaufenes Auge und ein steifer Arm, und Sie sind ein gemachter Mann, Herr Weitel. Hahaha . . .

WEITEL

Ja, hahaha.

V. MEHLINGS *Hand nimmt Versicherung 6, reicht Versicherung 7.*

V. MEHLING

Krankenhaustagegeld, ach nein, nein, das wollten Sie ja nicht . . .

WEITEL

Wieso?

V. MEHLING

Sie wollten ja den pauschaleren Schutz: Genesungsgeld, Krankenhaus und daheim ab vier Tage Krankheit cash.

V. MEHLINGS *Hand bessert Versicherung 7 nach . . .*

WEITEL

Ja gut. – Da? Gell?

V. MEHLING
Ja ja.

WEITELS *Hand unterschreibt.*

V. MEHLING
Jetzt, Herr Weitel, zum Abschluß also eine letzte Formalität, dann haben wirs überstanden, Herr Weitel, hier, die Bankeinzugsermächtigung, der Rest geht dann automatisch, Herr Weitel.

V. MEHLINGS *Hand reicht eine Bankvollmacht. Man sieht* WEITEL *und* V. MEHLING *in Weitels Wohnküche am Tisch sitzen.* V. MEHLING *verstaut die Policen und räumt seine Prospekte ein.* V. MEHLING *ist nur von hinten zu sehen, also nicht zu erkennen.*

WEITEL
Aso, des geht dann praktisch alles automatisch.

V. MEHLING
Ja, ja, das macht dann unser Computer. Sie haben mit dem ganzen Kram nichts mehr zu tun, Sie sind dann eingespeist, und der Rest geht vollautomatisch. So. Dann hätten wirs. Hier, bei Rückfragen, meine Karte. Rufens mich an, wenn irgendeine Unklarheit oder so . . .

V. MEHLING *nimmt die Bankvollmacht und verstaut sie,* WEITEL *reicht* V. MEHLING *dessen Kugelschreiber.*

WEITEL
Na, in dem Sinn jetzt nicht, ah, mögens noch an Schnaps?

V. MEHLING
Ach ja gerne, zu 'nem ordentlichen Geschäftsabschluß gehört auch ein richtiger Schnaps dazu.

WEITEL
Moment.

WEITEL *holt aus dem Kühlschrank eine Flasche Escorial Grün und schenkt zwei Gläser voll ein.*

V. MEHLING
Mir nicht soviel, Herr Weitel, die Leber, Sie wissen ja . . .

WEITEL
Ja ja, die Leber, aber oan packens scho. Also dann prost.

V. MEHLING *schaut auf die Uhr und nimmt seine Mappe.*

V. MEHLING
16.37 Uhr! Oh oh oh oh, da muß ich mich sputen.

WEITEL
Müssens scho wieder wo hin?

V. MEHLING
Ein Termin jagt den andern, Sie kennen das ja. Tja, Herr Weitel, Sie verstehen also, somit wäre ja dann einstweilen alles . . .

WEITEL
Ja, vielen Dank.

V. MEHLING *reicht* WEITEL *die Hand und verabschiedet sich und geht.*

V. MEHLING
Herr Weitel, Sie wissen Bescheid.

WEITEL
Genau, doch doch.

V. MEHLING
Wiedersehn, Herr Weitel.

WEITEL
Wiederschaun.

V. MEHLING *ist gegangen,* WEITEL *blättert die 7 Versicherungspolicendurchschläge durch.*

WEITEL
Na so ein Schmarrn, Herrschaft.

WEITEL *rennt zur Tür, ruft ins Treppenhaus.*

WEITEL
Aah, Herr, Herr Mehling! – Herr von Mehling! *(seufzt)* Isser scho weg. Herrgott, ich Rindviech.

WEITEL *trinkt seinen Schnaps, schaut sich die Policen wieder an, geht zum Telefon, wählt eine Nummer, die auf v. Mehlings Visitenkarte steht. Dazu schaltet er das Radio ein, ein Faschingsschlager ist zu hören.*

STIMME TELEFONZENTRALE
Bayern-Assekuranz, guten Tag.

WEITEL *macht das Radio leiser.*

WEITEL
Ja, grüß Gott, mein Name ist Weitel, ich hätt da eine Frage, weil es is ja so, daß grad im Moment, bis vor 5 Minuten, war ein Herr da von Ihnen, bei mir . . .

STIMME TELEFONZENTRALE
Wie war bitte der Name?

WEITEL
Ja, Weitel, mit el am Schluß.

STIMME TELEFONZENTRALE
Nein, nein, Herr Weitel, der Name unseres Kundenbetreuers.

WEITEL
v. Mehling hat er gheißn, ah, heißt er, also dieser Herr v. Mehling hat mir dann also heute . . .

STIMME TELEFONZENTRALE
Bayern-Assekuranz, bitte bleiben Sie am Apparat – *Musikzeichen* – Bayern-Assekuranz ... Ja, grüß Gott, Waguscheit hier, a kloans Momenterl, bittschön, bleibens am Apparat ...

WEITEL
Ah an Moment.

WEITEL *nimmt sich ein Bier, öffnet das Bier mit eingeklemmtem Hörer, schenkt ein.*

TELEFONSTIMME WAGUSCHEIT
Ja, und da hat mich praktisch die Frau Kuschmelka hat mich dann draufgebracht, also wenn die Frau Kuschmelka mi net draufbracht hätt, ich wär nie draufkommen, gell, obwohls doch eigentlich so nahe liegt, oder zumindest gesagt, mindestens, sagen wir mal, gar net amal so außergewöhnlich gewesen wär, und mei Mutter is ja auch in ihrer Jugendzeit schon mal als Spanierin gangen, net, in einer Südseenacht, des war aber noch vorm Krieg ...

WEITEL *wartet. (Teilweise überlappender Dialog)*

WEITEL
Ja, gibts denn des überhaupt? Hallo, Sie, he!!

TELEFONSTIMME WAGUSCHEIT
... im alten Palasthotel, des wo dann abbrennt is, die letzte Südseenacht war ja 1944, und da hams dann aber nachher alle nunter müssen in Bunker, weil Tiefflieger kommen san, aber es is nix passiert ...

WEITEL *trinkt an seinem Bier den Schaum ab.*

WEITEL

Hallo, Sie, hallo, es handelt sich hier um ein Ferngespräch!

TELEFONSTIMME WAGUSCHEIT

. . . sagt sie, erst 45 is es Palasthotel dann endgültig abbrennt . . . Na ja, der langen Rede kurzer Sinn, jetzt hab ich mir heuer denkt, machst heuer amal was ganz was anders, gehst amal als Spanierin, also es is ja mehr mit so Borten, wie die auf Mallorca, da hab ichs auch schon gsehn, gell, bei so Abende, aber meins is mehr so andalusisch stilisiert, weil, mir san ja schließlich im Fasching, ah, du Blinschi, i hab grad an Anruf in der Leitung, i habs gleich, i ruf di dann zurück, sag nur noch amal schnell dei Vorwahlnummer . . . Ja 02 11, und sonst die normale Nummer, gell . . .

WEITEL

Hallo, ja, hallo, geh was is denn! Des, es is . . . Hallo, ja wo sama denn eigentlich?!

Bayern-Assekuranz, Waguscheit hier, entschuldigen Sie bittschön, es hat an Moment gedauert, also, ah, worum handelt es sich bitte?

WEITEL *trinkt und verschluckt sich vor Schreck, daß er plötzlich angesprochen wird.*

WEITEL

Ja, schon, es is nur, weil es handelt sich um ein Ferngespräch, wissen Sie, Fräulein . . . ah . . .

TELEFONSTIMME WAGUSCHEIT

Ach so, ja, schön, und womit kann ich Ihnen behilflich sein?

WEITEL

Also grad im Moment, bis grad im Moment war ein Herr da, von Ihnen, bei mir, v. Mehling hat der gheißen, und da hab ich dann auch diese Versicherungen alle, also 7 insgesamt, Sturm und Wasser und was ma halt so braucht, gell, auf mich genommen, also unterschrieben hab ichs, net, und ich habs dann zusammengerechnet und die Summe is dann halt doch beträchtlich, also wenn mans zusammenrechnet vor allem, verstehen Sie?

TELEFONSTIMME WAGUSCHEIT
Hmhm ja.

WEITEL
Und ich hab mir dann halt gedacht, wenn ich die Sturm und Wasser doch net so ganz unbedingt nehm, also brauch, weil, ich wohn ja in am Mietshaus, aber da bin ich erst jetzt grad draufkommen, also hinterher quasi, gell, weil des is alles so schnell gegangen, also unheimlich rasant, und dann war er schon wieder weg.

TELEFONSTIMME WAGUSCHEIT
Ja, ich muß Sie da leider bitten, daß Sie persönlich bei uns hier vorbeischaun.

WEITEL
Ah ja, persönlich.

TELEFONSTIMME WAGUSCHEIT (OFF)
Ja, persönlich mit Ihren gesamten Unterlagen, gell, also telefonisch können wir da leider gar nix machen . . .

WEITEL (OFF)
Gar nix, gell . . .

WEITEL *geht über die Straße, ein Omnibus fährt gerade davon.* WEITEL *geht auf den riesigen Versicherungsbürokomplex zu, sieht auf die Uhr, geht auf das Haus zu, betritt den Eingang. Darüber:*

TELEFONSTIMME WAGUSCHEIT (OFF)
Nein, gar nix, weil, Stornos werden bei uns grundsätzlich nur bei persönlichem Erscheinen des Versicherungsnehmers entgegengenommen aus versicherungstechnischen Gründen heraus und wegen der EDV, verstehn Sie . . .

STIMME WEITEL (OFF)
Ah ja genau, und was soll ich nachher praktisch dann machen?

TELEFONSTIMME WAGUSCHEIT (OFF)
Mei, zu uns ins Haus kommen, leider, mit Ihren gesamten Unterlagen, wie gesagt . . .

3 Versicherungsbüro/ Videoüberwachungszentrale — Innen/ Früher Nachmittag

Man sieht WEITELS *Weg von nun an über eine Batterie von Videomonitoren, welche in der Videozentrale aufgestellt sind. Herr* OTT, *der Techniker, liest, sieht fern und trinkt Schnaps. Man sieht* WEITEL *in Richtung Fahrstuhl gehen, den Liftknopf drücken. Dazu:*

TELEFONSTIMME WAGUSCHEIT (OFF)
. . . Parteienverkehr is an und für sich immer bloß vormittags, bis 11.30 Uhr, aber da ist der Mehling, der Herr v. Mehling, meistens außen, also außer Haus.

STIMME WEITEL (OFF)
Ah so, außer Haus.

TELEFONSTIMME WAGUSCHEIT (OFF)
An Herrn v. Mehling erwischens wahrscheinlich am ehesten am Nachmittag, gegen 14.00 Uhr, bei uns da herin auf 632, gell, da könnts schon sein, daßn derwischen, gell, und ich notiers dann jetzt auch schon einstweilen.

STIMME WEITEL (OFF)
Ja, is gut. Mein Name is Weitel, vielen Dank, danke, also auf 632.

TELEFONSTIMME WAGUSCHEIT (OFF)
Ja, 632, schön, Herr Weitel, also wenns reinkommen, vom Fahrstuhl links, natürlich müssen Sie erst amal nauf in sechsten Stock nauffahrn.

WEITEL *erscheint Herrn* OTT *verdächtig. Er schaltet daher das Bild, auf dem* WEITEL *zu sehen ist, auf den großen Farbmonitor, beobachtet* WEITEL, *und schaut auf die Uhr.*

4 Versicherungsbüro/ Vor dem Fahrstuhl — **Innen/ Früher Nachmittag**

Die Lifttür geht auf. Im Lift stehen V. RÜDEN *und Professor* HEINZEL.

V. RÜDEN
Und durch so eine gezielte Transaktion könnten wir unseren Marktanteil schlagartig wieder . . .

WEITEL *betritt den Lift.* V. RÜDEN *wechselt das Thema.*

V. RÜDEN
Eh, wie wars denn neulich?

HEINZEL
Schön.

WEITEL
Grüß Gott.

HEINZEL
Ja Mahlzeit.

Die Lifttüre geht zu. Während der ganzen Liftfahrt peinliches Schweigen. WEITEL *steigt aus dem Lift. Kaum verläßt* WEITEL *den Lift, redet* V. RÜDEN *weiter.*

V. RÜDEN
Also, wie gesagt, mit einer gezielten Transaktion müßten wir . . .
(Lifttüre ist zu)

Man sieht WEITEL *aus dem Lift aussteigen im sechsten Stock. Wieder darüber Telefonstimme* WAGUSCHEIT.

TELEFONSTIMME WAGUSCHEIT (OFF)
Dann vom Fahrstuhl links, da is 611, also da net, da brauchens gar net neischaun.

WEITEL *wandert exakt den von Waguscheit beschriebenen Weg.*

TELEFONSTIMME WAGUSCHEIT (OFF)
Also da net, sondern durch die Glasbrücke durch, zweiter Gang links und dann immer geradeaus, könns gar net verfehlen, Zimmer 632.

STIMME WEITEL (OFF)
Ja, dankschön, also 632.

TELEFONSTIMME WAGUSCHEIT (OFF)
Gut, also dann . . .

STIMME WEITEL (OFF)
14 Uhr, hams gesagt.

WEITEL *schaut im Bild auf die Uhr.*

TELEFONSTIMME WAGUSCHEIT (OFF)
Ja gegen 14 Uhr, genau, aber nicht Montag, Mittwoch und Freitag.

Auf einem anderen Monitor sieht man BEMMERL, *den Hausboten,* WEITEL *schon entgegenkommen.*

WEITEL *geht den Gang entlang (Sprung vom Monitor auf den Originalschauplatz).* BEMMERL *kommt mit einem Hausbotenwagen ihm entgegen.*

STIMME WEITEL (OFF)
Ah ja, gut daß des gsagt ham, also nur Dienstag und Donnerstag.

TELEFONSTIMME WAGUSCHEIT (OFF)
Ja, genau, nicht Montag, Mittwoch und Freitag . . .

BEMMERL (zu Weitel)
Mahlzeit.

TELEFONSTIMME WAGUSCHEIT (OFF)
. . . also nur Dienstag und Donnerstag.

WEITEL
Grüß Gott.

BEMMERL *fährt weiter, hält an, dreht sich um.* WEITEL *dreht sich auch um, beide drehen sich wieder um.* BEMMERL *schüttelt den Kopf und geht.*

WEITEL, *wieder auf dem Monitorbild, klopft an einer Tür, schaut hinein, geht wieder hinaus. Bei Herrn* OTT *läutet das Telefon . . .*

TELEFONSTIMME WAGUSCHEIT (OFF)
Hallo, eh, aber eine Tür vorher ist 632a, da nicht, aber sonst kemmas eigentlich kaum verfehlen.

STIMME WEITEL (OFF)
Ja, schön, also dann morgen oder überübermorgen, so gegen 14 Uhr.

TELEFONSTIMME WAGUSCHEIT (OFF)
Ja, genau, Herr Weitel, gegen 14 Uhr, morgen oder überübermorgen.

OTT *(hebt den Telefonhörer ab)*
Ott . . . Ja, selbstverständlich, ich komme sofort, ja, zu Professor Heinzel, ja, ins Vorstandssitzungszimmer. Ja, sofort . . .

OTT *hängt ein und sprüht sich ein Atem-frisch-Spray in den Mund . . .*

8 Versicherungsbüro/Gang 6. Stock/ Vor 632 — **Innen/ Nachmittag**

WEITEL *klopft: nichts.* WEITEL *klopft wieder: nichts. Er öffnet die Tür einen Spalt und hört* WAGUSCHEITS *Stimme.*

WAGUSCHEIT (OFF)
Mei, Frau Kuschmelka, ich bin Ihnen ja so dankbar für Ihren Tip mit der Spanierin, obwohls ja so naheliegt, aber ich hab zur Zeit andre Sorgen, weil, wissens, ich mach doch grad eine Eierkur, ja auf reiner Eiweißbasis . . .

WEITEL
Ah hallo, hallo, ah . . .

STIMME WAGUSCHEIT (OFF)
Also ich kann eahna sagen, Frau Kuschmelka, mir hängens schon zum Hals raus, jeden Tag 10 Eier, 10 harte Eier. In der Früh drei, zum Mittagessen vier, eins am Nachmittag und am Abend noch amal zwei und a Tomate extra.

WEITEL
Hallo . . .

9 Versicherungsbüro/Zimmer 632 Innen/Nachmittag

WAGUSCHEIT
An kleinen Moment, Frau Kuschmelka – ah, was wollen Sie?

WEITEL *spitzt zur Tür herein.*

WEITEL
Grüß Gott, mein Name ist Weitel. Bin ich hier richtig auf 632. Ich hab gestern angerufen, a Ferngespräch . . .

WAGUSCHEIT
Ah ja, des Ferngespräch, aber jetzt schauns doch bittschön mal auf die Uhr.

WEITEL
Ah so ja, danke, bin ich zu früh.

WAGUSCHEIT
Ja genau, zu früh. Ich hab 14 Uhr notiert.

WEITEL
Ah ja genau, mir ham 14 Uhr gsagt, da ham jetzt Sie wieder recht.

WAGUSCHEIT
Gell, 14 Uhr ham mir gsagt, es ist niemand da, mir ham grad Mittag . . .

WEITEL
Ja, aber ich wollt doch bloß gschwind dringend an Herrn v. Mehling . . .

WAGUSCHEIT
Der Herr v. Mehling ist auch nicht da, wie gsagt nach 14 Uhr, im Moment ist niemand da.

WEITEL

Ah so, niemand.

WAGUSCHEIT

Ja, niemand. Also Wiederschaun. Hallo! Es nächstemal wenns reinkommen, klopfens doch bittschön an.

WEITEL

Ja, danke, sehr nett. Wiederschaun.

WAGUSCHEIT

Wiederschaun. Bis 14 Uhr dann.

WEITEL

Ja genau, bis 14 Uhr.

WAGUSCHEIT

Frau Kuschmelka, sans noch am Apparat? Wissens, wir ham heut Großkampftag.

10 Versicherungsbüro/Gang 6. Stock/ Zimmer 632 — Innen/ Nachmittag

WEITEL *steht sinnlos wartend im Gang herum.* V. MEHLING *geht auf sein Büro zu, sieht* WEITEL, *der gerade aus 632 herauskommt, geht in Deckung.* V. MEHLING *wartet. Er will in sein Büro, ohne von Weitel erkannt zu werden.* HEINZ BÖHM *von der Kasko biegt dynamisch um die Ecke, sieht* V. MEHLING, V. MEHLING *gibt Zeichen.*

V. MEHLING
Pssst.

BÖHM *(laut)*
Mahlzeit, Herr von . . .

V. MEHLING HÄLT BÖHM *den Mund zu.*

V. MEHLING
Pssst.

BÖHM
He, wo san mer denn?

V. MEHLING *(flüstert)*
Erklär ich Ihnen später.

BÖHM *geht kopfschüttelnd weiter, sieht* WEITEL.

BÖHM
Mahlzeit.

WEITEL
Hmhm, grüß Gott.

WEITEL *sieht* BÖHM *nach. Endlich bietet sich für* V. MEHLING *Gelegenheit, unerkannt in sein Büro zu gelangen. Beim Tür-auf-Geräusch dreht sich* WEITEL *wieder um, sieht aber nur noch von* MEHLINGS *Trachtenanzug.*

WEITEL
Ah, hallo!
(leise zu sich)
Dös war er doch. Herr Mehling!

WEITEL *geht in Richtung Büro von Mehling.* V. MEHLING *kommt eilig aus einer Seitentür in das Büro 632, wo* WAGUSCHEIT *inzwischen wieder telefoniert und ißt.*

WAGUSCHEIT
An Moment, Frau Kuschmelka . . . Mahlzeit, Herr v. Mehling, Sie, da war grad . . .

V. MEHLING
Pst. Nicht so laut, ich weiß, ich weiß, dieser Dings, dieser . . .

WAGUSCHEIT *(laut)*
Weitel.

V. MEHLING *(zuckt zusammen)*
Pst. Leise.

WAGUSCHEIT
Hat er mit Ihnen schon gesprochen?

V. MEHLING
Nein, und ich will ihn auch nicht sprechen, heute nicht und die nächsten 14 Tage nicht, also auf gar keinen Fall. Haben Sie verstanden? Ich bin nicht da, ich bin unterwegs, oder krank, oder irgendwo, verstanden?

WAGUSCHEIT
I versteh scho, wegen eahna Übersollprämie.

V. MEHLING
Gar nichts verstehn Sie, außerdem geht Sie das einen Dreck an. Jedenfalls, ich bin nicht da. Vertrösten Sie den Mann, schicken Sie ihn irgendwohin, aber nicht zu mir. Mensch, Waguscheit, begreifen Sie doch.

WAGUSCHEIT *grinst.*
WEITEL *klopft an v. Mehlings Bürotür: nichts.* WEITEL *öffnet die Tür einen Spalt, von nebenan hört man undefinierbares Gewisper.*

WEITEL (OFF)
Ah, Herr Mehling. Hallo, Herr Mehling!

V. MEHLING *(flüstert)*
Los, telefonieren Sie laut.

V. MEHLING *schaut sich nach einem Versteck um.*

WAGUSCHEIT *(laut)*
Ah, hallo, Frau Kuschmelka, san Sie noch am Apparat?

Offene Tür Büro v. Mehling. WEITEL *lauscht. Er hört Waguscheits Stimme.* JESSIKE *kommt vom Mittagessen angewippt.* WEITEL *geht schnell wieder auf den Gang.*

WEITEL *(für sich)*
Komisch, i hätt jetzt schwörn könne . . .

JESSIKE
Mahlzeit.

WEITEL
Ja danke.

WEITEL *schließt von Mehlings Bürotür.* WANDREY *kommt, Hände in den Hosentaschen, den Gang entlang.*

WANDREY
Mahlzeit.

WEITEL
Ja danke, Ihnen auch.

WANDREY *schaut auf die Uhr, dabei verliert er ein Nazi-Abzeichen, geht auf dieselbe Bürotür zu, wo* JESSIKE *verschwunden ist.*

WEITEL
Ah hallo, Sie ham da was verlorn.

WEITEL *bückt sich.*

WANDREY
Wo? Gebn Sies her.

Er will sich schnell bücken, aber WEITEL *hat das Abzeichen schon aufgehoben.* WEITEL *schaut das Abzeichen an und gibt es* WANDREY.

WANDREY *(verlegen)*
Dankschön.

WEITEL
Bitte, keine Ursache.

WANDREY *verschwindet im Büro. Frau* POPCOVIĆ *rumpelt mit Großraumstaubsauger von einem Büro ins nächste.* WANDREY *wirft ihr beim Betreten seines Büros noch einen gehässigen Blick zu.*

WANDREY
Scheiß Kanaken.

WEITEL *lauscht an einer anderen Tür, hört* BÖHM, *der gerade einen Witz erzählt.*

STIMME BÖHM (OFF)
». . . Polier, der Schubkarrn macht immer quiek – quiek – quiek.« Sagt der Polier zum Maurer: »Fristlos entlassen . . .«

DEUTELMOSER *kommt vom Lift,* WEITEL *gibt seinen Lauschposten auf,* DEUTELMOSER *passiert* WEITEL.

DEUTELMOSER
Mahlzeit.

WEITEL
Ja. Mahlzeit.

DEUTELMOSER *verschwindet in 632.* WEITEL *geht hinterher, zögert, ob er reingehen soll. Während* WEITEL *an der Tür herumzögert, sieht man* V. MEHLING, *der* WEITEL *aus seiner Bürotür jetzt beobachtet und in einem günstigen Augenblick entschwindet.* WEITEL *lauscht an der Tür 632.*

STIMME DEUTELMOSER (OFF)
Ham Sie heut aa den Sauerbratn ghabt, Frau Waguscheit?

STIMME WAGUSCHEIT (OFF)
Na, i muß abnehmen. I mach zur Zeit eine Eierkur.

STIMME DEUTELMOSER (OFF)
So, was ham denn Sie nachher gessen?

WEITEL *entschließt sich noch weiter zu warten.*

DEUTELMOSER *richtet seinen Arbeitsplatz her für den Nachmittag,* WAGUSCHEIT *hält den Telefonhörer in der Hand.*

WAGUSCHEIT
Eier, vier harte Eier also heut nachmittag, in der Früh drei, jetzt zum Kaffee gibts nachad eins und heut abend zwei Eier und a Tomate extra. Ich könnt jetzt die Tomate extra auch in der Früh essen, aber ich eß sie immer am Abend, weil da hab ich immer am meisten Appetit . . .

DEUTELMOSER *studiert den Wochenspeiseplan durch.*

DEUTELMOSER
Jetzt hams da am Freitag wieder ein Goldbarschfilet mit Kartoffelsalat und als Alternative Senfeier, wenn einer beides net mag, was macht er dann?

11 Versicherungsbüro/Vorstandszimmer Innen/ Vorraum/Dann Vorstandssitzungszimmer Nachmittag

Dr. V. RÜDEN *und Prof.* HEINZEL *legen gerade ihre Garderobe ab.*

HEINZEL
Heute im Casino wieder Filet Stroganoff mit Morcheln und als Alternative Ratsherrentopf. Wenn einem beides nicht zusagt, was dann?

V. RÜDEN
Voll Ihrer Meinung, überhaupt, das Casino hat schwer nachgelassen. Na ja, für mich kommen solche Gerichte derzeit sowieso nicht in Frage, ich mache gerade 'ne Kur auf reiner Eiweißbasis.

HEINZEL
Und was essen Sie dann?

V. RÜDEN
Scampi, Makrelen, überhaupt Fisch, und am Abend leiste ich mir ab und zu 'ne Zucchini extra . . . Äh, Fräun Bauer, in den nächsten zwei bis drei Stunden bin ich nicht zu sprechen. Bitte, Fräun Mattusek.

Fräulein MATTUSEK *wippt vor* HEINZEL *und* V. RÜDEN *in das Sitzungszimmer.*
Der restliche Vorstand sitzt bereits fast vollständig an seinen Plätzen, Prof. HEINZEL *und Dr.* V. RÜDEN *nehmen die Vorstandsvorsitzplätze ein. Einige Herren stehen auf, setzen sich wieder.*

V. RÜDEN
Aber bitte, meine Herren, behalten Sie doch Platz. Meine Herren, entschuldigen Sie bitte unsere kleine

Verspätung, Prof. Heinzel und ich hatten noch einige Detailfragen vorab zu besprechen. Schlage vor, gleich in medias res, Punkt 1 unserer heutigen Sitzung, Professor Heinzel, war, soweit ich unterrichtet bin, Einsparungsmaßnahmen.

HEINZEL
Ja, im Personalsektor.

V. RÜDEN
Tja, das ewig gleiche leidige Problem. Na ja, 'n kleiner heilsamer Schock dürfte sich eher vitalisierend auswirken auf den Rest der Abteilungen.

DR. BERZELMEIER *kommt im Trenchcoat und mit Diplomatenkoffer hereingestürmt.*

DR. BERZELMEIER
Tut mir leid, aber auf Lufthansa ist auch kein Verlaß mehr.

V. RÜDEN
Tag Herr Dr. Berzelmeier. Na wie war der Flug?

DR. BERZELMEIER
Na ja, der Witterung entsprechend. Tag, Professor Heinzel.

HEINZEL
Tag, Herr Dr. Berzelmeier.

DR. BERZELMEIER
Äh, Professor, sagen Sie mal, Frage: Haben Sie an meine Karten gedacht?

HEINZEL
Welche Karten?

DR. BERZELMEIER
Na heute abend, fürn Ball.

HEINZEL
Wo denken Sie hin. Sie sagen Berzelmeier und Sesam öffnet sich ganz von selbst. Sie stehen auf der Liste, mein Lieber.

DR. BERZELMEIER
Hoffentlich nicht auf der falschen.

Er gibt MATTUSEK *seine Garderobe.*

Danke.

MATTUSEK *will zur Garderobe,* BERZELMEIER *ruft ihr nach.*

DR. BERZELMEIER
Äh, Fräun . . . äh . . .

V. RÜDEN
Das ist unser Fräun Mattusek.

DR. BERZELMEIER
Mattusek, könnten Sie bitte gleich mal meinen Rückflug klären. Ich brauche heute nacht eine Privatmaschine und 'ne Sonderstarterlaubnis.

HEINZEL
Sie kommen nicht mit zum Fischessen, Herr Dr. Berzelmeier?

DR. BERZELMEIER
Nö. Ich hab morgen in Hannover Großkampftag.

12 Versicherungsbüro/Zimmer 632 Innen/Nachmittag

WAGUSCHEIT *hantiert an der Kaffeemaschine,* DEUTELMOSER *löst Kreuzworträtsel.*

DEUTELMOSER
Ah Sie, Frau Waguscheit, was macht denn der Kaffee?

WAGUSCHEIT
Ja, an Moment dauerts schon noch. Außerdem muaß i ja aano arbeiten zwischendurch.

DEUTELMOSER
Tun's net zuviel, sonst fallts bloß auf, daß mir fast koa Arbeit net ham.

WEITEL *betritt wieder das Büro.*

WEITEL
Ah, Verzeihung, 14 Uhr, is der Herr von Mehling jetzt zu sprechen?

WAGUSCHEIT
Es ist zwar noch nicht 14 Uhr . . .

WEITEL *(blickt auf seine Uhr)*
Doch, bei mir ist 14 Uhr.

WAGUSCHEIT
Nein, ich hab zwei vor 14 Uhr, 13.58 Uhr.

WEITEL
Bei mir is scho 14 Uhr.

DEUTELMOSER
I hob sogar vier vor zwoa.

WAGUSCHEIT
Na, des kann nicht stimmen, ich habs genau nach am Radio.

WEITEL
Ich habs auch vom Radio.

WAGUSCHEIT
Na ja, laß mer des, ich kann Ihnen in Ihrer Angelegenheit auch jetzt schon sagn, an Herrn von Mehling werdens heut ganz sicher nicht mehr antreffen.

WEITEL
Ja aber, Sie habn doch vorhin grad selber gsagt, daß er um 14 Uhr da herin . . .

DEUTELMOSER
Ah, Frau Waguscheit, H 360–4811 . . .

WAGUSCHEIT
H 360–4811.

DEUTELMOSER
Genau, H 360–4811.

WEITEL
Aber Sie ham doch grad vorhin noch selber gsagt . . .

WAGUSCHEIT
Moment. H 360 Strich . . .?

WEITEL
4811.

WAGUSCHEIT
Herr Deutelmoser, H 360 Strich . . .?

DEUTELMOSER
4811.

WAGUSCHEIT
Also H 360–4811.

DEUTELMOSER
Genau. H 360–4811.

WEITEL
H 360 . . .

DEUTELMOSER
Strich 4811, genau.

WAGUSCHEIT
H 360–4811.

Sie sucht auf einer Leiter. Es piepst.

DEUTELMOSER
So jetzt ists 14 Uhr, und zwar Punkt.

WEITEL *schaut auf seine Uhr.* WAGUSCHEIT *kommt von der Leiter, gibt* DEUTELMOSER *den Akt.*

WAGUSCHEIT
H 360–4811.

DEUTELMOSER
Ah ja, H 360–4811. Danke.

WEITEL
Also wie war jetzt des mit dem Herrn von Mehling. Ich wollt doch . . .

JESSIKE *kommt ins Büro.*

JESSIKE
Mahlzeit, Kinders, laßt euch nicht aufhalten, wir wollten nur mal fragen, was macht denn der Kaffee, Frau Waguscheit?

WANDREY *kommt ebenfalls.*

WANDREY
Mahlzeit.

DEUTELMOSER
Mahlzeit, Herr Wandrey.

WAGUSCHEIT
Mahlzeit, Frau Jessike. Ja an Moment dauerts schon noch.

JESSIKE *breitet sich auf einem Bürotisch aus,* WANDREY *hilft Kaffee zu decken.*

JESSIKE
Na, Winfried, haste die Tage gut überstanden?

DEUTELMOSER
Mei, geht scho, gestern hab i halt an Schongang einglegt, bisserl Fernsehn, Mainz, wie es singt und lacht, und so.

JESSIKE
Haste nichts vom Kölner Karneval gesehn?

DEUTELMOSER
Na, vom Zug hab i scho aa was gsehn, ich hab ja eine Fernbedienung.

WEITEL *(zu Waguscheit)*
Ja, Sie, entschuldigens jetzt schon, aber ich bin jetzt doch extra wegen dene Versicherungen da reinkommen. Ich hab mir extra freigenommen. Sie haben doch grad vorhin noch selber gsagt . . .

Das Telefon läutet, WAGUSCHEIT *hebt ab.*

WAGUSCHEIT *(zu Weitel)*
Moment. Bayern-Assekuranz. Ah, Frau Kuschmelka . . .

JESSIKE
Ach, Markus, Süßi, bis der Kaffee soweit ist, wir könnten doch alle mal richtig Krapfen essen, findest du nicht, Winfried?

DEUTELMOSER
Ja.

WANDREY
Aber wir ham doch noch von gestern . . .

JESSIKE
Markus, Schätzchen, sei ein Süßi, hol uns allen ein paar Krapfen.

WANDREY
Aber . . .

JESSIKE
Also, wer will jetzt alles ’nen Krapfen?! Ich will zwei.

DEUTELMOSER
Mir aa zwoa.

WANDREY
Frau Waguscheit?

WAGUSCHEIT *(telefoniert)*
Naa, i mag die Nackerten aa net . . . Moment – Was?

WANDREY
Krapfen?

WAGUSCHEIT
Zwei.

WANDREY
Na hol i glei 15 für alle Fälle.

WANDREY *geht.*

WEITEL *(zu Deutelmoser)*
Wissen Sie, ich hab mir jetzt da extra freigenommen, weil ich die Versicherungen, die ich beim Herrn v. Mehling abgeschlossen hab, die möcht ich zurückgehn lassen, also mindestens die eine, diese mit Sturm und Wasser, weil ich wohn ja in am Mietshaus, verstehn Sie?

DEUTELMOSER
Mögn Sie aa an Krapfen?

WEITEL
Ja, vielleicht, ah, verstehn Sie, aber drum brauch ich an Herrn v. Mehling, weil, bei dem hab ich ja die Versicherungen abgeschlossen.

DEUTELMOSER
Der Mehling, ja der müssat glei kemma, der müssat jeden Augenblick da sein, grad war er no in der Kantine.

WAGUSCHEIT *(eilig am Telefon)*
Ah, Frau Kuschmelka, es geht wieder zu, ich ruf zurück . . . Nein, Herr von Mehling ist heute nicht mehr zu sprechen.

JESSIKE
Aber, Arno bin ich doch gerade eben im Gang begegnet.

WAGUSCHEIT *(scharf)*
Das kann ich mir nicht vorstellen, Frau Jessike, weil der Herr v. Mehling hat mich persönlich wissen lassen, daß er heute nicht da ist.

DEUTELMOSER
Ja, aber er kimmt doch allweil zum Kaffee.

WAGUSCHEIT *(scharf)*
Heute nicht. Glauben ses mir.

DEUTELMOSER
Ja und wieso?

WAGUSCHEIT
Weil er heute nicht kommt.

WEITEL
Ja, Sie, da muß ich schon dumm fragen, hat des was mit mir zu tun?

WAGUSCHEIT
Mei, vielleicht.

WEITEL
Aber ich kann mir doch net jeden Tag freinehmen. Ich hab mir heut extra freignommen.

DEUTELMOSER *(bedeutungsvoll)*
Zum Heinzel kannt er vielleicht naufgehn.

WAGUSCHEIT *(zwinkert zurück)*
Ja, des is ja die Idee, zum Professor Heinzel.

JESSIKE *(fröhlich)*
Klar, gehn Sie zu Professor Heinzel.

WEITEL
Professor Heinzel.

DEUTELMOSER
Ja, der is droben da . . . Wo ist der Heinzel?

WAGUSCHEIT
Oben, 13. Stock. Fragens nach Professor Heinzel, da kennt an a jeder.

BEMMERL *kommt zur Tür herein.*

BEMMERL
Tatütata, die Krapfen sind da.

ALLE
Ah, grüß Gott, Bemmerl, usw. . . .

WEITEL *setzt sich noch mal akkustisch durch.*

WEITEL
Also dann geh ich nauf zum Herrn Professor Heinzel. Wo is der genau?

WAGUSCHEIT
Oben fragns, im 13. Stock. Den kennt a jeder droben.

BEMMERL *(grinst)*
Und wenn er net da is, dann gehns zum Dr. Berzelmeier, der is heut aa da droben.

WEITEL
Also zu wem geh ich jetzt?

WAGUSCHEIT *(sehr gut gelaunt)*
Zum Professor Heinzel oder zum Dr. Berzelmeier, san beide im 13. Stock, und wenn eahna die net helfen können, dann hilft eahna der Mehling aa net.

WEITEL
Also gut, Professor Heinzel oder Dr. Berzelmeier.

JESSIKE
Ja, die können Sie gar nicht verfehlen.

WEITEL
Also dann, vielen Dank. Wiederschaun.

ALLE
Wiederschaun.

WEITEL *geht. Allgemeine Heiterkeit bricht aus.*

DEUTELMOSER
Da wird der Heinzel spitzen.

WAGUSCHEIT
Da möcht i jetzt gern dabei sei. Da wenn ma a Video hätt und des mitverfolgen könnte . . .

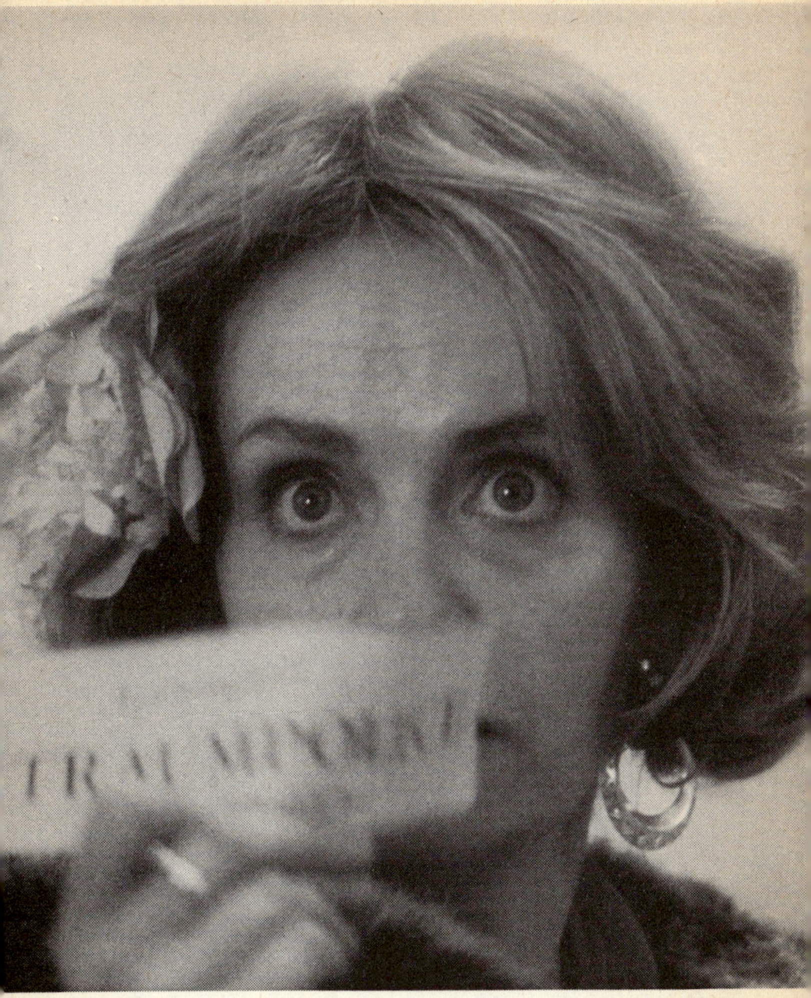

DEUTELMOSER (OFF)
Und zwar live.

JESSIKE (OFF)
Nee, Kinders, so einer stinkt doch schon im Vorzimmer ab.

WEITEL *steigt in den Lift und fährt nach oben. Im Lift steht noch ein* MANN MIT NASE. *Darüber Off-Text.*

WAGUSCHEIT (OFF)
Bei der Mattusek wird er sich ganz schön hart tun.

JESSIKE (OFF)
In dieser Aufmachung auf alle Fälle. Der sah ja verboten aus, der Kerl.

STIMME WAGUSCHEIT
Wenn oaner seinen Namen schreiben koan, isser beim Mehling nimmer sicher. Eigentlich könnens einem scho fast leid tun, solchene Leit.

MANN MIT NASE *steigt im 12. Stock aus, fragt* WEITEL:

MANN MIT NASE
Wo fahrn Sie denn noch hin?

WEITEL
Zum Professor Heinzel.

Der MANN MIT NASE *bricht in schallendes Gelächter aus. Die Lifttür geht zu.*

DEUTELMOSER
Aber von solchene lebt der Mehling. Der Mehling dad am Tod selber noch a Lebensversicherung einredn.

V. MEHLING *betritt das Büro.*

V. MEHLING
Mahlzeit.

ALLE
Mahlzeit, Herr v. Mehling.

JESSIKE
Tag, Arno.

V. MEHLING
Tag, Frau Jessike.

WAGUSCHEIT
Ah, Herr v. Mehling, Ihren Klienten Weitel haben wir weitergeschickt.

V. MEHLING
Sehr freundlich, vielen Dank. Zu wem denn?

WAGUSCHEIT *(süffisant)*
Zum Vorstand.

Sie beißt in einen Krapfen. Dazu:

DEUTELMOSER (OFF)
Zum Professor Heinzel ham wirn naufgeschickt.

15 Versicherungsbüro/Gang Vorzimmer/ Vorstandssitzungszimmer **Innen/ Nachmittag**

WEITEL *verläßt in der Chefetage nachdenklich den Lift und schaut sich um . . .*
Der Vorstand sitzt bei Kaffee und Krapfen und beratschlagt. Fräulein Mattusek schenkt Kaffee nach.

HEINZEL
Ich habe die Personaleinsparungen bereits mit Dr. v. Rüden durchgecheckt und sein Vorschlag war, einen gewissen Herrn äh, hm . . .

V. RÜDEN
v. Mehling.

HEINZEL
Richtig, v. Mehling, als Ressortleiter einer stark verknappten Crew im 6. Stock einzusetzen. Dieser v. Mehling ist uns im Außendienst durch äußerst erfreuliche Verkaufsaggressivität aufgefallen.

BERZELMEIER *(mit vollem Mund)*
Augenblick, Augenblick mal, gestatten Sie, Herr Dr. v. Rüden, ich habe über diesen Herrn v. Mehling inzwischen diskrete Privaterkundigungen anstellen lassen, und diese ›dates‹ weichen also in erheblichem Maße von unseren hausinternen Dossiers ab: Der Mann ist total verschuldet, restlos zerrüttete Privatsphäre, lebt hemmungslos über seine Verhältnisse, der Mann hat angeblich ein Reitpferd. Ich glaube, ich muß dem nichts hinzufügen . . .

V. RÜDEN
Ja, das ändert natürlich einiges! Für so eine Position natürlich . . . Kommt nicht in Frage!

HEINZEL
Gut. Also streichen wir diesen Mehling.

V. RÜDEN *(ins Diktiergerät)*
Ah, Fräun Heidi, hallo, Fräun Heidi! Scheint auf der Toilette zu sein.

WEITEL *steht vor dem Chefsekretariat, klopft an, keine Antwort.*
WEITEL *betritt vorsichtig das leere Sekretariat.*

V. RÜDENS STIMME *(aus dem Sprechfunk/*OFF)
Hallo, Fräun Heidi . . .

WEITEL *erschrickt.*
WEITEL *sieht sich um: nichts. Er klopft an der nächsten Tür: nichts. Man hört die Stimmen des Vorstands gedämpft durch.*

WEITEL
Hallo, hallo!

STIMME V. RÜDEN (OFF)
Tja, um das leidige Kapitel 6. Stock endlich einmal ad acta zu legen, bitte Herr Ott, könnten wir nicht mal 'ne Kostprobe . . .

STIMME OTT (OFF)
Was wolln Se sehn?

STIMME V. RÜDEN (OFF)
Egal, irgendwas, zeigen Sie mal, 6. Stock.

Der Vorstand sitzt vor einem Videomonitor. Man sieht ein Büro nach dem anderen im Videomonitor.

V. RÜDEN
Fräulein Mattusek, drei Stückchen Zucker, bitte, wie immer . . . Das ist ja allerhand.

Im Monitor sieht man einen Mann, der liest.

OTT
Oder hier.

Man sieht einen Mann, der einen Kopfstand macht.

HEINZEL
Bitte, der ganze 6. Stock ist ein retardierendes Moment. Hier bitte . . .

OTT
Oder hier.

Man sieht ein weiteres Büro: Eine Frau kocht Kaffee und telefoniert.

FRAU *(im Monitor)*
Ja, da nehmens a ganze normale Blumentopferde . . .

HEINZEL
Wo ist das bitte, Herr Ott?

OTT
627.

FRAU IM MONITOR
Düngeerde geht natürlich auch . . .

V. RÜDEN
Allerhand. Wer ist das bitte?

OTT
Eine gewisse Frau Kuschmelka, 33 % unter dem Effektivniveau.

HEINZEL
Und mit wem telefoniert die denn?

OTT
Meistens mit einer gewissen Frau Waguscheit, Annerose, 38 % unter dem Effektivitätssoll.

HEINZEL
Der ganze 6. Stock ist unterm Soll, bis auf diesen Dings, äh . . .

OTT
Mehling.

HEINZEL
Ja, richtig . . .

V. RÜDEN
Ist ja allerhand.

HEINZEL
Meine Herrschaften, diese optischen Eindrücke schlagen sich ebenso direkt in entsprechenden Umsatzprofiten nieder.

V. RÜDEN
Also wirklich, das ist allerhand. Na ja, andererseits macht sich ja im ganzen Haus inzwischen ein gewisser Fatalismus breit, sozusagen die Erkenntnis: Leistung schützt nicht vor Kündigung.

Im Hintergrund taucht WEITEL *auf und beobachtet unbemerkt den Vorstand und den Videomonitor.*

HEINZEL
Und so ganz unrecht haben die Leute ja auch wieder nicht.

(Teilweise überlappender Dialog):

BERZELMEIER
Nananana, Leistung ist und bleibt der Motor eines jeden Unternehmens. Also, ich hätte da jemanden, der den 6. Stock sanieren könnte. Das ist ein gewisser Böhm, Heinz, derzeit in der Kaskoabteilung. Jung und unverbraucht, hat Ellenbogen, ist extrem motiviert, auch mal die Zügel selbst in die Hand zu nehmen . . .

HEINZEL
Oder hier, sehen Sie . . . Wo ist das, Herr Ott?

OTT
Das ist 632.

WAGUSCHEIT *(im Monitor/undeutlich) – Hintergrund*
Jetzt stellens eahna vor, Frau Kuschmelka, mir ham ihn naufgschickt zum Heinzel, und der is glatt naufgange, also da möchet ich jetzt gern Mäuschen sein, schad, da wenn man a Video hätt . . .

V. RÜDEN
Unglaublich, allerhand. Sagn Se mal, Herr Ott, und die Leute merken gar nicht, daß sie beobachtet werden?

OTT
Nein, nein, die Kameras sind in die Deckenbeleuchtung integriert.

BERZELMEIER
Der Japaner schläft eben nicht.

V. RÜDEN
Is ja allerhand.

Im Monitor sieht man die Bürobelegschaft Kaffee trinken.

BERZELMEIER
Dieser Böhm ist mir besonders positiv aufgefallen als er . . . Da! Da ist er ja! So ein Zufall.

Im Monitor sieht man HEINZ BÖHM *zur Tür hereinstürmen mit einem Blatt Papier in der Hand.*

BÖHM *(im Monitor)*
Servus beinand, wißts ihr den Unterschied zwischen einem Bäcker und am Perserteppich? Der Bäcker muß in der Früh aufstehn, der Perser kann liegenbleiben.

Die Bürobelegschaft lacht, PÜTZ *lacht ebenfalls. Ein indignierter Blick von Prof.* HEINZEL *im Monitor. Weiter im Monitor:*

BÖHM *(im Monitor)*
Und was san die zwei kloansten Bücher der Welt? Die österreichischen Heldensagen und das Kochbuch von Biafra. Warum gibts in der DDR keine Kochbücher mehr? Die werden in Polen als Science fiction verkauft.

HEINZEL
Ah, Herr Dr. Berzelmeier, das ist also Ihr dynamischer Herr Böhm, ne echte deutsche Führungskraft.

BERZELMEIER
Fräun Mattusek, bitte bringen Sie mir nen Obstler.

V. RÜDEN
Na ja, das ist ja allerhand.

BÖHM *(im Monitor)*
Da, der neue Witz aus der Abteilung Leben, grad hab i'n kriegt.

BÖHM *(liest vor)*
A Maurer kommt zum Polier: Polier, der Schubkarrn macht immer quiek *(Pause)*, quiek. Sagt der Polier: Fristlos entlassen. Fragt der Maurer: Warum? Antwortet der Polier: Bei uns machen die Schubkarren immer quiekquiekquiekquiekquiek.

Alle brüllen vor Lachen.

BÖHM *(im Monitor)*
Gell, der is gut, der is noch besser wie der von der letzten Woche. Bei uns sans alle ganz narrisch drauf. Drobn is der Kopierer verreckt, jetzt müssen wir's kopieren fürn Außendienst.

WAGUSCHEIT *(im Monitor)*
Oh mei, die vom Außendienst, die hams schee, die ham heut frei.

DEUTELMOSER *(im Monitor)*
Ja, mir ham ja aa allweil frei ghabt.

JESSIKE *(im Monitor)*
Das haben uns diese Ärsche vom neuen Vorstand eingebrockt.

DEUTELMOSER *(im Monitor)*
Am Faschingsdienstag arbeiten, wo gibts denn so was.

17 Versicherungsbüro/ Vorstandssitzungszimmer — Innen/ Nachmittag

Vorstand vor dem Monitor, WEITEL *im Hintergrund,* WAGUSCHEIT *im Monitor.*

WAGUSCHEIT *(im Monitor)*
Reine Schikane. Am Faschingsdienstag tut doch eh koaner was. Alle ham ab Mittag frei, bloß mir net.

DEUTELMOSER *(im Monitor)*
Des is der Neue aus Hannover, dieser Dings . . .

V. RÜDEN
Das ist ja allerhand, also . . .

WAGUSCHEIT *(im Monitor)*
Der Dr. Berzelmeier.

V. MEHLING *(im Monitor)*
Dieser Kretin von Berzelmeier will am Faschingsdienstag in Bayern ne Nutte vögeln und beraumt deshalb ne wichtige Sitzung ein und wir als Fußvolk müssen alle mithalten.

V. RÜDEN
Also, das ist ja wirklich . . .

V. MEHLING *(im Monitor)*
Und Professor Heinzel, dieser Lahmarsch, wenn aus Hannover nur ein Piep kommt, kuscht und schleimt er und fragt, wie hätten Sies gerne . . .

V. RÜDEN
Also das is ja . . .

V. MEHLING *(im Monitor)*
Igitt, was is denn da in diesen Krapfen, Pfui Teufel!

BEMMERL *(im Monitor, lacht)*
Hahaha, Sie ham an Faschingskrapfen derwischt, Herr v. Mehling.

WEITEL *(im Hintergrund)*
Da isser ja, des isser, des isser.

Der ganze Vorstand dreht sich um.

HEINZEL
Wer sind Sie denn?

V. RÜDEN
Das is ja ein Ding, das ist ja allerhand.

BERZELMEIER
Wie ist denn der hier reingekommen?

PÜTZ
Wie sind Sie denn hier reingekommen?

V. RÜDEN
Fräun Heidi! Das ist ja allerhand . . .

WEITEL
Isser doch im Haus, der Herr v. Mehling, und dabei hats gheißen, daß er net da is.

V. RÜDEN
Was? Wovon reden Sie? Wie, Moment mal . . . Zu wem wollen Sie denn?

WEITEL
Eigentlich zum Herrn v. Mehling, aber da hat man mich zu einem Professor Heinzel geschickt.

HEINZEL
Tja, mein Name ist Heinzel, aber sagen Sie mal, Sie kommen hier einfach so rein, ohne anzuklopfen, ohne Voranmeldung?

V. RÜDEN *(für sich)*
Den Mann habe ich doch irgendwo schon mal gese-

hen . . . Fräun Mattusek, wie kann denn so was passieren? *(ins Mikrofon)* Fräun Heidi!

BERZELMEIER
Ein merkwürdiges Subjekt . . .

OTT
Mir ist dieser Mann heute auch schon aufgefallen, 13.47 Uhr hat er das Haus betreten . . .

V. RÜDEN
Richtig, im Fahrstuhl . . .

WEITEL
Sie, entschuldigns, aber ich muß jetzt ab sofort gleich wieder nunter, weil der Herr v. Mehling is ja jetzt da drunt . . . und den brauch ich dringend.

WEITEL *will gehen.*

BERZELMEIER
Nein, nein, nein, guter Mann. Mal schön hiergeblieben. Sie wissen wohl gar nicht, mit wem Sie's zu tun haben? Sagen Sie mal, wer sind Sie denn überhaupt?

WEITEL
Mein Name ist Weitel.

V. MEHLING
So, dann spricht unser Klient Weitel gerade beim Vorstand vor. Das ist ja vielleicht ne Pfeife. Unterschreibt 7 Versicherungen wie 'n hypnotisiertes Kaninchen.

Alle lachen. WANDREY *kommt zur Tür herein.*

WANDREY
So, da waarn jetzt die Krapfen.

JESSIKE
Ach, Markus-Süßi, wo warstn solange, wir haben schon längst alle Krapfen gegessen.

WANDREY
Ja, jetzt hab ichs doch extra . . .

JESSIKE
Herr Bemmerl war so freundlich, Markus, Schätzchen, sei mal ein Süßi, bist du so nett und kopierst uns allen den neuen Witz von Herrn Böhm.

WANDREY
Ja, aber die Krapfen, jetzt hab ichs doch extra . . .

JESSIKE
Ach papperlapapp, wir sind hier alle satt, jetzt wird kopiert. Mach mal gleich 100, für alle Fälle.

19 Versicherungsbüro/ Vorstandsetage/Gang — **Innen/ Nachmittag**

WEITEL *eilt aus dem Vorstandszimmer und rennt zum Lift, drückt, wartet ungeduldig. Ein Feinkostmensch kommt und fährt seine Lebensmittel aus dem Lift . . .*

WEITEL
Mensch . . . Sie, ich habs furchtbar eilig, ich muß runter . . .

FEINKOSTMENSCH
Ja, aber ich muß erst raus . . .

WEITEL *stöhnt und schaut auf die Uhr.*

V. MEHLING
Tja, also dann danke für Kaffee und Gebäck, ich zahl dann beim nächstenmal, Frau Waguscheit.

JESSIKE
Ich geh gleich mit Ihnen, Herr von Mehling. Tschüs allerseits. Viel Spaß noch.

DEUTELMOSER
Ja, Wiederschaun.

V. MEHLING
Also gut, gehn wir, bevor dieser Depp wieder auftaucht.

WAGUSCHEIT
Also i woaß net, dieser Mehling . . . in die Kasse hat der noch nie was neizahlt, was der scho Kaffee gsoffen hat da herin.

BEMMERL
Koa Geld, aber Kinder ins Internat schicken.

DEUTELMOSER
Als ob die Kinder vom Mehling was Besseres warn.

WAGUSCHEIT
Für die armen Kinder is des ja allweil noch das beste, bei diesen zerrütteten Eheverhältnissen. Er treibts ja mitara jeden, und sei Frau, hats gheißen, ist ja a Nymphomanin, wie die Jessike. Haben Sie da heut nix gemerkt, Herr Deutelmoser?

DEUTELMOSER
Sie hängt an ihm dro wie ein Zeck, direkt unappetitlich.

WAGUSCHEIT
Diese Frau ist sich ja für nichts zu schade.

BEMMERL
Also i packs dann, bis heut abend.

BEMMERL *geht.*

DEUTELMOSER
Ja schleich di grad, alter Depp.

21 Versicherungsbüro/Lift Innen/Nachmittag

Der Liftstockwerkanzeiger wandert von 13 auf 10, hält bei 10 an. WEITEL *steht ungeduldig im Lift. Die Tür geht auf, der* MANN MIT NASE *kommt herein, sieht* WEITEL *und lacht schallend, dann kichert er.* WEITEL *ist verärgert . . .*

22 Versicherungsbüro/6. Stock Gang/ vor 632 **Innen/ Nachmittag**

DEUTELMOSER, *in Hut und Mantel, mit Mappe, verläßt das Büro.* BÖHM *trifft* DEUTELMOSER *auf dem Gang.*

BÖHM
Sein die Kopien schon fertig?

DEUTELMOSER
Der Jessike ihr Hausdepp kopiert noch . . .

BÖHM
Was is, genge Sie scho?

DEUTELMOSER
Ja, i hob no an wichtigen Termin.

BÖHM
Was? Am Faschingsdienstag ham Sie an Termin.

DEUTELMOSER
Ja, warum net?

7. Stock. Der Lift hält an, der MANN MIT NASE *steigt aus.*

WEITEL
Was is'n da so komisch?

Der Mann bricht wieder in Gelächter aus, die Lifttür geht zu, WEITEL *drückt mehrmals nervös die 6.-Stock-Taste . . .*

WEITEL
Herrschaft, das dauert . . .

24 Versicherungsbüro/6. Stock Gang/ Büro/Vor dem Lift — Innen/ Nachmittag

WANDREY *und* BÖHM, *ebenfalls heimgehfertig, strömen in Richtung Lift.*

WANDREY
Ah, die Waguscheit, die faule Sau.

BÖHM
Da redens allweil von der 35-Stunden-Woche, und die is keine 35 Stund da im Monat, und wenns da is, saufts an Kaffee.

V. MEHLING *(kommt eilig entgegen)*
Ich muß meine Brille liegengelassen haben . . .

Er geht zu Zimmer 632.
WAGUSCHEIT, *alleine im Büro, schaut sehnsüchtig einen Krapfen an, nimmt ihn in die Hand, sieht ihn an. Dazu:*

STIMME WANDREY (OFF)
Sie wird allweil fetter und ihr Kaffee wird allweil dünner.

STIMME BÖHM (OFF)
Besser ihrn Kaffee saufen, als wia der Waguscheit untern Rock glanga, aber des derfat doch eh bloß ihr Mutter.

STIMME WANDREY (OFF)
Ich glaub, wer anders möcht des aa gar net.

STIMME BÖHM (OFF)
Höchstens noch der Deutelmoser . . .

V. MEHLING *stürmt ins Büro,* WAGUSCHEIT *stellt den Krapfen wieder ab.*

V. MEHLING
Habe ich meine Brille hier irgendwo?

WAGUSCHEIT
Im Kaffeeregal vielleicht . . .

BÖHM *und* WANDREY *warten auf den Lift.*

BÖHM
Der Deutelmoser, dieser Wichser. So wie der ausschaugt, hat der seit Jahren an Arbeitslosen in der Hosn.

WANDREY *und* BÖHM *lachen. Die Lifttür geht auf.* WEITEL *rennt an* BÖHM *und* WANDREY *vorbei in Richtung 632, ohne die beiden zu beachten.*

WANDREY
Jesses, was hat der denn?

BÖHM
Ja, der war ganz hoch droben.

Beide lachen und gehen in den Lift.
V. MEHLING *steckt im Büro seine Brille ein.*

V. MEHLING
Also denn, Frau Waguscheit, bis heute abend denn . . .

Er geht in Richtung Kopierraum.
WEITEL *eilt auf 632 zu.*

WEITEL *(für sich)*
Unverschämtheit! Aber jetzt sag ichs dem Kerl.

WEITEL *reißt die Bürotür auf von 632.*

WEITEL
So, wo is jetzt, ah . . .

WEITEL *steht in der Tür und findet ein leeres Büro vor.*

WEITEL
Ah hallo, hallo. Is da wer? Hallo!

Man sieht V. MEHLING *auf dem Gang davonhuschen. Es raschelt.* WEITEL *schaut sich um, ertappt* WAGUSCHEIT, *die an einem halben Krapfen würgt, den sie gerade am Verschlingen ist.*

WEITEL
Ah, Sie sinds! Also, wo is jetzt der v. Mehling?!

WAGUSCHEIT *würgt und schüttelt den Kopf.*

WEITEL
Sagns bloß net wieder, daß er net da is, i hab ihn nämlich gsehn.

WAGUSCHEIT *(noch mit vollem Mund)*
I hoab eahna doch scho gsagt, es is niemand da.

WEITEL
Aber i hoab doch an Herrn v. Mehling grad noch gsehn.

WAGUSCHEIT
Redens doch koan Schmarrn.

WEITEL
Es is zwecklos, wenns mich anlügen.

WAGUSCHEIT
Wir ham Faschingsdienstag, es ist niemand mehr da.

WEITEL
Des woaß i scho, daß Fasching is, deswegen hat ja auch der Mehling den Krapfen mit dem Senf gessen . . .

WAGUSCHEIT
Woher wissen Sie des?

WEITEL

. . . und dann is der Herr mit diesem Witz dahergekommen.

WAGUSCHEIT

Was für a Witz?

WEITEL

Na ja, der mit dem Quiekquiekquiek.

WAGUSCHEIT

Gell, des is a guter Witz.

WEITEL

Ja, der is gut.

WAGUSCHEIT

Moment. Woher wissen Sie des alles?

WEITEL

Ja, des hab i alles gsehn, im Fernsehen droben . . . droben bei dem Professor Heinzel, wo Sie gsagt ham.

WAGUSCHEIT

Im Fernsehen?

WEITEL

Ja, im Fernsehn.

WAGUSCHEIT

Beim Professor Heinzel?

WEITEL

Ja, genau, beim Vorstand drobn . . .

WAGUSCHEIT

Na, ham die doch a Video.

WAGUSCHEIT *sieht sich vorsichtig um.*

WEITEL

Ja, die ham a Video. Da kann man überall hinschaugn, zuerst hams die andern Leute angschaugt, auch in so Büros, und dann hat man Sie gsehn, wies Kaffee trunken ham.

WAGUSCHEIT
Da müssen die a Video ham.

WEITEL
Ja, die ham a Video.

Während des Dialogs kommt Frau POPCOVIĆ *mit Großraumstaubsauger und verrichtet leise Arbeiten.*

WAGUSCHEIT
Das sind vielleicht Schweine. Dann muß ja da a Kamera versteckt sei. Wo kann denn die sei?

WEITEL *und* WAGUSCHEIT *schauen sich um.*

WEITEL
Man hat alles mehr so von oben gsehn und an Herrn von Mehling mehr von hinten. Ich hab ihn erst an der Stimme erkannt, wie er in den Senfkrapfen bissen hat.

WAGUSCHEIT
Der Mehling is da gstanden.

WEITEL
Im Fernsehn war des auf der linken Seiten.

WAGUSCHEIT
Da muß des, Jesses wo . . .

WEITEL
Vielleicht da?

WAGUSCHEIT
Wo?

WEITEL
Da . . . hinter dera Leisten.

WAGUSCHEIT
Wo?

WEITEL
Bei dera Lampen.

WAGUSCHEIT *holt eine Leiter*

WAGUSCHEIT
Des wer ma glei ham.

WAGUSCHEIT *nimmt die Wandleiter.*

WEITEL
Wartens, i halt.

WAGUSCHEIT *steigt auf die Leiter,* WEITEL *schaut hinauf, etwas peinlich berührt.*

WAGUSCHEIT *(oben auf der Leiter)*
Tatsächlich. Da iss. Die ham a Video.

WEITEL
Hab i eahna doch gleich gsagt, die ham a Video . . . und zwar im ganzen Haus. Ah, Sie, essen Sie den Krapfen noch?

WAGUSCHEIT
Na, wieso?

WEITEL *hält mit der einen Hand die Leiter, mit der anderen angelt er nach dem restlichen angebissenen Krapfen.*

WEITEL
Da.

WAGUSCHEIT
I ißn nimmer.

WEITEL
Tuns an nauf, die Marmelad hoalt scho, na sieht er nix mehr, der Professor Heinzel.

WAGUSCHEIT *nimmt den Krapfen zögernd und drückt ihn dann fest auf das Kameraauge. Etwas Marmelade quillt am Krapfenrand heraus.*
Zwischenschnitt Videozentrale: 1 Monitor wird schwarz . . .
Frau POPCOVIĆ *wirft gerade die Witzkopien in den Papierkorb und schaltet den Staubsauger ein.*

WAGUSCHEIT
Ja he, Sie, Frau, nicht . . . nein . . .

WEITEL
Was is'n?

WAGUSCHEIT *steigt von der Leiter.*

WAGUSCHEIT
Die schmeißt ja die ganzen Witz weg. *(Zu Popcović)* Das nicht wegwerfen . . . das Witz.

WEITEL
Witz, lustig, lachen.

POPCOVIĆ
Witz?

WEITEL
Ja, Witz. Lustig. Alle lesen, dann lachen. Nix Papierkorb.

WAGUSCHEIT
Bemmerl morgen kommen und Witz verteilen.

POPCOVIĆ
Witz?

WAGUSCHEIT
Ja, Witz. Genau.

WEITEL
Is des der mit dem Quiekquiekquiek?

WAGUSCHEIT *richtet sich zum Heimgehen.*

WAGUSCHEIT
Ja genau. Witz mit Quiekquiekquiek . . .
(zu Popcović)
Witz dahin, nix Papierkorb!

POPCOVIĆ
Witz.

WEITEL
Ja, Witz, genau. Des kenne die net, des kenne bloß mir.

WAGUSCHEIT *ist fertig zum Heimgehen.*

WAGUSCHEIT *(wählt eine Telefonnummer)*
Also dann . . . Sie, ich werd jetzt dann auch schön langsam . . .

TELEFONSTIMME V. MEHLING
v. Mehling?

WAGUSCHEIT *(hängt ein)*
Sie, wenns den Mehling noch derwischen wollen, schnell. Sausens gschwind auf 532 oder 532a, wenn er noch da is, dann erwischensen da.

Sie geht, WEITEL *geht hinterher.*

WAGUSCHEIT
Da gengens übers Stiegenhaus, da sans am schnellsten, da is es direkt unter uns.

WEITEL
Ja, dankschön, vielen Dank. Also Wiederschaun.

WEITEL *rennt.*

WAGUSCHEIT
Wiederschaun.

Sie geht zum Lift, schaut sich dabei nach Kameras um.

25 Versicherungsbüro/5. Stock/ Gang/532 **Innen/ Nachmittag**

WEITEL *kommt angerannt, will in 532 eintreten, Tür ist abgesperrt.* WEITEL *geht zu 532a, öffnet, ohne anzuklopfen, die Tür. Der* MANN MIT NASE *sitzt am Schreibtisch und schaut erstaunt.*

WEITEL
Ich such an Herrn v. Mehling.

Der MANN MIT NASE *lacht wieder schallend.*

Gegenschnitt: WEITEL *steht in der offenen Tür, v.* MEHLING *steht im Zimmer hinter der Türe und macht »Pst«-Zeichen.*

26 Versicherungsbüro/Eingang/ Bushaltestelle — **Innen/Außen/ Nachmittag**

WAGUSCHEIT *geht an die Stechuhr, stempelt und geht.* WEITEL *kommt im Hintergrund aus dem Lift.*

WAGUSCHEIT *geht zur Haltestelle,* WEITEL *kommt vom Versicherungsgebäude aus nach.* WAGUSCHEIT *wartet,* WEITEL *holt sie ein.*

WAGUSCHEIT
Na hamsen derwischt?

WEITEL
Na, leider . . .

WAGUSCHEIT
Komisch, ich hab angerufen, da war er noch da . . .

WEITEL *(nach einer deprimierten Pause)*
Was mach i jetzt, jetzt hab i mir extra freignommen.

WAGUSCHEIT
Mei, dieser Mehling. Wissens, wo sen derwischen könnten?

WEITEL
Na, wo?

WAGUSCHEIT
Gengens doch aufn Ball, heut abend, da ist er ganz sicher. Da war er noch jeds Jahr.

WAGUSCHEITS *Bus ist angekommen.*

An Mehling, den kennt man leicht raus, der Mehling geht immer als Kapitän.

WEITEL
Und als was gehen Sie?

WAGUSCHEIT
Als Spanierin.

Sie steigt in den Bus.

WEITEL
Eh, hallo, und wo issn der Ball?

Die Tür geht zu. WAGUSCHEIT *erklärt durch die geschlossene Tür. Der Bus fährt los.* WEITEL *versteht nichts.* WAGUSCHEIT *winkt aus dem Bus.* WEITEL *winkt zurück, schaut auf das Versicherungsgebäude. Dazu:*

V. RÜDEN (OFF)
Ja das . . . hm, ja, aber da hätt ich nun einen noch weiterführenden Vorschlag, was den 6. Stock betrifft. Nach allen Informationen, die uns im Augenblick zur Verfügung stehen, schlage ich vor . . .

27 Versicherungsbüro/ Vorstandssitzungszimmer | **Innen/ Nachmittag**

Der FEINKOSTMENSCH *verteilt gerade erlesene Speisen . . .*

V. RÜDEN
. . . die Abteilungen Bankenbetreuung und Reklamationen nicht zu verkleinern, sondern ersatzlos aufzulösen. Dadurch hätten wir im ganzen 6. Stock dann endlich Platz, also Raum für unser neues Rechenzentrum.

HEINZEL
Das Ei des Kolumbus. Prost! Meine Herren, wir schlagen da drei Fliegen mit einer Klappe. Erstens können wir die Investitionssubvention und Steuervergünstigungen voll abschöpfen. Zweitens, für die Leute, die das neue Rechenzentrum installieren, können wir die Prämie zur Schaffung neuer Arbeitsplätze mitnehmen . . .

BERZELMEIER
Und wenn das Rechenzentrum dann fertig ist, also arbeitet, können wir dann auch noch den ganzen 5. Stock nach Hause schicken.

Der ganze Vorstand klopft auf den Tisch. Allgemeine Begeisterung für den Vorschlag von v. Rüden.

BERZELMEIER
Meine Herren, nur zur Argumentationshilfe: Wir müssen diese Kündigungen vornehmen, gerade eben, um Arbeitsplätze zu erhalten.

HEINZEL
Sehr richtig. Prost . . .

HEINZEL *spielt mit einem Scherzartikel.*

V. RÜDEN
Zeigen Sie mal, Herr Professor, was haben Sie denn da Interessantes?

HEINZEL
Nennt sich rasendes Ungeheuer, für heute abend zum Damenerschrecken, hihihi.

V. RÜDEN
Zeigen Sie mal . . .

HEINZEL *läßt das rasende Ungeheuer laufen. Alle schauen zu und freuen sich.*

V. RÜDEN
Fräun Mattusek, gucken Sie mal, originell, was . . .

WAGUSCHEIT *fährt die Rolltreppe eines Supermarkts hinunter und packt gerade zwei Kartons Eier in ihren Beutel. Sie muß an einem Lebkuchenstand und an einem Imbißstand vorbeigehen. Es fällt ihr sichtbar schwer.*

Faschingstreiben.
WAGUSCHEIT *kommt aus dem Supermarkt. Ein paar* FASCHINGSGESTALTEN *stehen sinnlos herum.* WAGUSCHEIT *geht ein paar Schritte, bleibt immer wieder an den Imbißbuden stehen, prüft das Angebot. Allmählich geht sie immer schneller, rennt fast, schaut sich plötzlich um, geht doch auf eine Wurstbude zu.*

WAGUSCHEIT
Eine Rindsbratwurst, bitte.

Neben der Wurstbude ist eine Baustelle. Ein MANN MIT PRESSLUFTHAMMER *arbeitet.* WAGUSCHEIT *beißt gierig in ihre Wurst. Ein* PASSANT *geht vorbei und haut* WAGUSCHEIT *eine große Ladung Konfetti über ihre Wurst.* WAGUSCHEIT *schaut furchtbar enttäuscht.*

V. MEHLING *verläßt ein Stüberl, zählt im Gehen, wieviel Geld er bei sich hat. Direkt daneben ist der Eingang zu einer schäbigen Mietskaserne,* V. MEHLING *sperrt auf, bemerkt, daß er in Hundekot getreten ist.*

WEITEL *hört sich am Telefon das automatische Ballansage-programm an. Er ißt nebenbei Corn-flakes aus der Packung.*

32 Wohnung Jessike Innen/Abend

JESSIKE *kommt mit Plastiktüten bepackt nach Hause. Über den Gang huscht eine* NACKTE FRAU *gerade rasch ins Bad. Aus dem Wohnzimmer Fernsehprogramm.* JESSIKES MANN *sitzt in Unterhosen und Unterhemd vor dem Fernseher.* JESSIKE *geht ins Wohnzimmer.*

JESSIKE
Ihr hättet wenigstens warten können. Ich geh heut abend eh aufn Ball. Schön langsam finde ich das ganz schön geschmacklos, was ihr hier so treibt.

MANN
Halts Maul.

JESSIKE
Aber das sag ich dir, heut abend zahl ich dir alles heim. Ich nehm mir jeden, der mir über den Weg läuft.

MANN
Geh. Des interessiert doch ka Sau.

JESSIKE
Ich war grad wieder beim Scheidungsanwalt. Das kann ich dir sagen, du wirst dich noch wundern . . .

FRAUENSTIMME *(aus Bad*/OFF)
Wo issn hier en Deo?!

MANN *(schreit)*
Schaug halt.

JESSIKE
Du wirst dein blaues Wunder erleben, mein lieber Mann, Wohnung hast du wahrscheinlich auch noch keine . . .

MANN
Geh, halts Maul.

JESSIKE
Und aufm Arbeitsamt warste auch wieder nicht. Aber wenn das so weitergeht, laß ich dich noch hier von der Polizei entfernen. Ich schmeiß dich und deine ganzen Weiber hier raus!

MANN
Ha, des sein doch Krampf.

JESSIKE
Wer hat hier meinen Bademantel benutzt?

Der MANN *dreht an der Fernbedienung das Fernsehprogramm immer lauter.*

JESSIKE *(schreit)*
Wer hat hier meinen Bademantel benutzt?!

MANN
Kimm, schleich dich.

JESSIKE *(schreit)*
Meinen Bademantel auch noch benutzen!!

Das Fernsehprogramm wird immer lauter.

Wandrey behaust eine Neo-Nazibude. Im Radio Stimmungsmusik, Hitlerbilder an der Wand, Mein Kampf, Lüge von Auschwitz usw. im Bücherregal, Kriegsorden hängen aufgereiht neben einem Pornoposter. Über dem ungemachten Bett hängt ein großer Fotoposter von angreifenden Tieffliegern im Zweiten Weltkrieg. WANDREY *steht im Zorrokostüm, alles schwarz, rotes Halstuch, vor offenem Kleiderschrank. Auf der Innenseite der Schranktür ist ein Spiegel. In der Schranktür über dem Spiegel hängt ein Schild:* ICH MUSS HART WERDEN. WANDREY *ißt Krapfen. Er versucht ein grimmiges Gesicht zu machen, wischt sich etwas Puderzucker vom Mund, nimmt einen Revolver aus dem Schrank und lädt ihn durch. Er spielt mit der Revolvertrommel, zielt, steckt den Revolver in den Revolverhalfter, öffnet das Fenster. Unten im Hof geht eine türkische* GASTARBEITERFAMILIE *vorbei.* WANDREY *zieht wieder den Revolver, zielt auf die Familie, dann auf eine Taube, schießt, die Taube fliegt weg, ein Fenster kracht zusammen.*

WANDREY
Mistviecher . . .

WAGUSCHEIT *steht auf einem Beistelltischchen im halb angezogenen Spanierinnenkostüm. Ihre* MUTTER *steckt an dem Rock den Saum ab.*

WAGUSCHEIT
Du, Mutti, schau mal, ich find nur in dem Unterrock, das schaut viel netter aus. Den Rock brauchts doch eigentlich gar net.

MUTTER
Was, in som Fetzerl willst rumlaufen? Das kommt überhaupt net in Frage.

WAGUSCHEIT
Aber Mutti, da is' doch eh so warm aufm Ball.

MUTTER
Da hat ma jetzt ganze vier Wochen hingearbeitet, daß ma a Original-Spanierin aus dir macht, dann kommst daher mit solchene Krämpf.

WAGUSCHEIT
Aber Mutti, schau doch mal, der Rock, der macht mich ja so dick! Schau doch!

MUTTER
Richtig süß schaut des aus, richtig süß, noch die Rose ins Haar und dann isses perfekt.

WAGUSCHEIT
Aber Mutti.

V. MEHLING, *in Admiralsuniform und Mütze, tropft gerade 15 Herztropfen auf einen Löffel und nimmt sie ein. Dazu telefoniert er.*

MUTTER WAGUSCHEIT (OFF)
Ach, papperlapapp, es wird anständig rumgelaufen.

V. MEHLING *(fordernd)*
Es geht doch aus dem Scheidungsvergleich eindeutig hervor, daß ich meine Tochter zweimal im Monat sehen darf!
(Er schreit nervös)
Natürlich habe ich die Zahlungen eingestellt, wenn sie ihren Verpflichtungen nicht nachkommt. Bitte, ohne Kind kein Geld! Bitte regeln Sie das doch mal endgültig. Und wenn Sie mich jetzt . . . ich hab heute abend noch 'nen Termin. Gut, Wiederhörn.

V. MEHLING *nimmt zwei Magentabletten aus der Packung und spült sie mit Cola aus der Büchse runter. Er nimmt wieder eine Gabel von Tomatenheringsfilet und ißt. Das Telefon läutet wieder,* V. MEHLING *hebt ab.*

V. MEHLING
Mehling! *(plötzlich devot)*
Ach ja, ich wollt Sie heute sowieso, Herr Nowotny . . . natürlich, natürlich bekommen Sie Ihr Geld . . . Ich habe die Umschuldung in die Wege geleitet, in 14 Tagen, spätestens drei Wochen . . . Ja, in spätestens drei Wochen haben Sie Ihr Geld . . . Herr Nowotny, wenn ich's Ihnen sage, ich versprechs Ihnen . . . jaja, gerade heute ist mir berufliche Verbesserung in Aussicht gestellt wor-

den. Jaja, selbstverständlich bekommen Sie . . . Ja, ja, bestimmt . . . ich melde mich, Herr Nowotny, sobald . . .

V. MEHLING *hängt ein.*

Scheiße.

Er ißt noch einen Bissen Fisch, steht auf, will gehen, steckt noch einen Klapperaffen und ein paar Luftschlangen ein, betrachtet sich im Spiegel, kehrt noch mal um, steckt seine Magen- und Herzmedizin ein.

V. MEHLING *(noch mal)*
Scheiße.

DEUTELMOSER *steht im Wolpertingergewand vor dem Spiegel. Im Radio Stimmungsmusik.*

DEUTELMOSER
Na wie wärs Gnädigste, do you like dancing, I'm a Wolpertinger and what are you?

FRAUENSTIMME (*nebenan*/OFF)
Winfried, bleib halt da.

DEUTELMOSER
Mei Elfie, des is der Betriebsball, des is praktisch ein Muß.

STIMME ELFRIEDE (OFF)
Aber mir ist heute den ganzen Tag so schlecht gangen.

DEUTELMOSER
Werd schon wieder.

ELFRIEDE *erscheint im Nachthemd in der Tür.*

ELFRIEDE
Bitte, bleib halt daheim.

DEUTELMOSER
Komm geh wieder ins Bett, sonst erkältst dich noch.

ELFRIEDE
Bitte.

DEUTELMOSER
Ah, der ganze 6. Stock ist da. Des kann ich den Kollegen net antun, daß i net kimm.

ELFRIEDE
Des merkt doch gar keiner, daß du net da bist.

DEUTELMOSER

Hast du eine Ahnung. Wenn man da is, des fällt net auf, aber wenn man net da ist, hast du eine Ahnung.

ELFRIEDE

Winfried. Nur einmal.

Sie beginnt zu weinen.

DEUTELMOSER

Jetzt geh halt wieder ins Bett. Schaug a bissl Fernsehn.

DEUTELMOSER *schaltet den Fernseher ein.*

Da schau her, des is doch ganz nett, oder magst lieber des?

Er schaltet mit Fernbedienung ein anderes Programm ein. Ebenfalls Faschings-Stimmungsgelumpe.

WEITEL *am Telefon.*

WEITEL
Des is so a Ball, des sein lauter so Versicherungsleute.

STIMME TELEFONDAME (OFF)
Das Motto bitte?

Die Haustürglocke klingelt.

WEITEL *(ruft zur Tür)*
Moment, glei . . .
(*ins Telefon*)
Ja, hallo.

STIMME TELEFONDAME (OFF)
So ein Motto haben wir nicht.

WEITEL
Na, net Sie, Fräulein, es hat geläutet.

STIMME TELEFONDAME (OFF)
Wir haben Hunderte von Veranstaltungen heute abend. Ich brauche dringend das Motto.

WEITEL
Es is so a Ball des Versicherungswesens. Des Motto weiß ich net.

Es klingelt wieder.

Moment, i kimm scho. Es is irgendwas mit Versicherungen. Sie, es hat grad geläutet, ich mach schnell amal die Tür auf. Schauns doch bittschön derweil nach obs was mit Versicherungen finden. Gell, i bin gleich wieder da.

Er legt den Hörer weg, geht zur Tür, öffnet. RÖSNER *steht mit Aktenmappe vor der Tür.*

RÖSNER
Schön guten Abend, Herr Weitel, mein Name ist Rösner, Rösner von der Bamberg-Rosenheimer . . .

WEITEL
Ja, und was wolln Sie?

RÖSNER
Herr Weitel, haben Sie sich schon mal Gedanken gemacht über die Kombination von Vermögensbildung und Sicherheit?

WEITEL
Ja Sie, machens gschwind, schnell . . . ich hab grad wen am Telefon.

RÖSNER
Jaja, um es kurz zu machen, wir von der Bamberg-Rosenheimer haben uns spezialisiert auf . . .

WEITEL
Is des a Versicherung?

RÖSNER
Ja, so könnte man auch sagen.

WEITEL *(plötzlich laut und grob)*
Naus! Schaugns daß S' weiterkommen. Naus und zwar sofort. Ich wui Eahna net mehr sehn, schleiches Eahna, aber auf der Stelle.

RÖSNER
Ja, aber ich . . .

WEITEL
Naus, sonst werd ich handgreiflich!

RÖSNER *geht zwei Schritte rückwärts zur Tür raus,* WEITEL *knallt die Tür zu, geht wieder ans Telefon.*

WEITEL
Hallo, Fräulein, hallo! Hallo! He!

Die Dame hat offensichtlich eingehängt.

Herrschaft! Öha!

WEITEL *geht nochmals zur Tür,* RÖSNER *steht an einem Nachbareingang.* WEITELS NACHBARIN *steht in frivolem Faschingskostüm in der Tür, halb darüber einen Morgenrock.* RÖSNER *sagt gerade wieder sein Sprüchlein auf.*

RÖSNER
Guten Tag, mein Name ist Rösner, Rösner von der Bamberg-Rosenheimer . . .

WEITEL
Ah, hallo Sie, Herr Dings . . .

RÖSNER
Ja, is noch was?

WEITEL
Sie, entschuldigens, ich hätt jetzt da doch noch a Frage.

RÖSNER (*zur Frau)*
Pardon, Augenblick.

RÖSNER *geht wieder rüber zu* WEITEL, *er wittert anscheinend Morgenluft.*

Ja? Also womit kann ich behilflich sein?

WEITEL
Sie, da muß heut abend so a Ball sein, den so Versicherungen machen, also veranstalten.

RÖSNER
Sie meinen die »Traumpolice«?

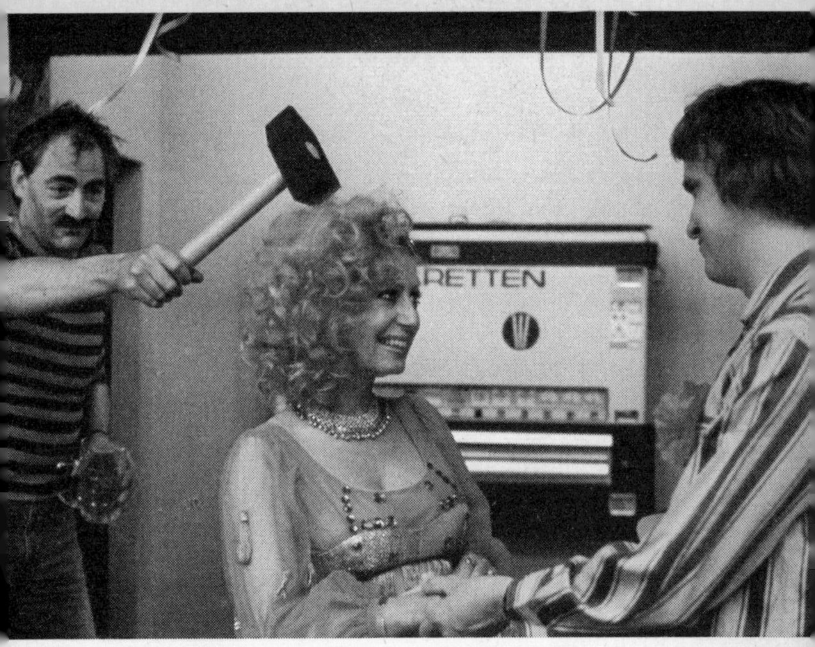

WEITEL

Ja, dankschön. Genau des wollt i wissen. Also Wiederschaun.

Er macht RÖSNER *die Tür vor der Nase zu.* RÖSNER *will wieder zur Nachbartür. Die Nachbarin macht auch die Tür zu.*

DEUTELMOSER *mit seinem Auto unterwegs zum Ball, sieht in einiger Entfernung einen Auffahrunfall. Er fährt auf die Unfallstelle zu. Ein Party-Service-Wagen, ein Golf-Cabrio mit einer norddeutschen* DAME, *ein blauer Opel Kadett mit Rosenheimer Nummer, der Fahrer ist* AUSLÄNDER. *Aus dem Opel steigt ein* ZEBRA-ZWEIPERSONENKOSTÜM *aus und bedankt sich fürs Mitnehmen.* DEUTELMOSER *hält an der Unfallstelle und fragt, ob er als Zeuge aussagen soll. Man schickt ihn weiter. Der Party-Service-Wagen-*FAHRER *flucht und sortiert seine Utensilien. Die Lebensmittel haben stark gelitten.* DEUTELMOSER *fährt weiter.*

39 Versicherungsbüro/ Vorstandssitzungszimmer — Innen/Nacht

Etliche Sektflaschen stehen auf dem Tisch, der FEINKOST-MENSCH *räumt gerade Reste zusammen . . .*

V. RÜDEN
. . . Hmhm, das ist schon ne ganze Menge.

MATTUSEK
Ferner sind von den Kündigungen betroffen die Herren Böhm, Heinz . . .

BERZELMEIER
6. Stock.

MATTUSEK
. . . Deutelmoser, Karl-Winfried . . .

BERZELMEIER
6. Stock.

MATTUSEK
. . . Frau Jessike, Gerda . . .

BERZELMEIER
6. Stock.

MATTUSEK
. . . Herr Mehling, Arno, Freiherr von . . .

BERZELMEIER
Ne prophylaxe Kündigung, auch 6. Stock.

V. RÜDEN
Dieser unverschämte Kerl . . .

MATTUSEK
. . . Frau Waguscheit, Annerose . . .

BERZELMEIER
6. Stock.

MATTUSEK
. . . Herr Wandrey, Markus . . .

BERZELMEIER
Auch 6. Stock.

V. RÜDEN
Und weiter?

MATTUSEK *legt die Kündigungsliste beiseite.*

MATTUSEK
Das wären alle.

HEINZEL
Sagense mal, hamse nicht diesen Dings vergessen, diesen Hausboten, diesen trotteligen . . . wie hieß er noch?

MATTUSEK
Bemmerl?

HEINZEL
Ja, Bemmerl.

BEMMERL *geht auf den Ballsaal zu, dreht sich noch einmal um, geht zurück zu seinem Kleinwagen, zieht Mantel, Schal, Mütze und Handschuhe aus, sperrt seinen Wagen auf und legt die Garderobe in den Wagen, sperrt zu und geht auf den Ballsaal zu. Darüber:*

STIMME MATTUSEK (OFF)
Nein, nein, Herr Bemmerl fällt schon unter den Kündigungsschutz.

STIMME V. RÜDEN (OFF)
Ja leider. Das ist der Unrentabelste von allen, aber da ist nichts zu machen.

Im Hintergrund sieht man WONDRAZIL *und diverse* ORDNER *und* KONTROLLEURE *vor dem Ballsaal.*

WONDRAZIL
Da drüben, machts as Scheißhausfenster zua. Es san scho zwoa Illegale übers Scheißhaus reinkimme.

SCHWANTALER
Ja Moment. Naa, Herr Wondrazil, welches Scheißhausfenster?!

WONDRAZIL
Vorn bei de Herrn, da is koa Eisengitter!

SCHWANTALER
Sepp, mach du des!

WONDRAZIL
Also hepp, machts die Scheißhäuser dicht.

BEMMERL *ist zum Ballsaaleingang rübergegangen.*

BEMMERL
Kann ma scho nei?

Keine Antwort.

BEMMERL
Sie, Herr, kann ich da net schon nei, es is ja so kalt da heraußen, gell . . .

SCHWANTALER
19.30 Uhr ist Einlaß. Steht auf deiner Karten, Opa.

MIKE
Geh laß'n doch aufwärmen, dem pressierts doch. Is eh glei halbe . . .

SCHWANTALER
Punkt halb is Einlaß – Moment.

SCHWANTALER *schaut auf seine Uhr.* BEMMERL *drängelt.*

SCHWANTALER
Na, na – na – nonet – so, jetzt könnens neigehn.

Er macht den Eingang frei, BEMMERL *eilt verfroren in den Ballsaal.*

Der Ballsaal ist fast leer. Die ersten BALLGÄSTE *stehen ungemütlich herum und suchen nach ihren Plätzen. Die Plätze sind numeriert. Gedränge an den Gardeoben.* MUSIKER *stimmen ihre Instrumente.* ENTERTAINER, AMÖBIUS *und* GESCHÄFTSFÜHRER *streiten sich um die Reihenfolge des Auftritts.*

WONDRAZIL
Also, 22 Uhr 40 sand Sie dran, Herr Amöbius, und danach so um 22 Uhr 50 kommt der Harry Fox.

ENTERTAINER *(Harry Fox)*
Aber es war doch verabredet, daß . . .

WONDRAZIL
Sans stad, Sie bringen ja eh koa Stimmung her . . .

ENTERTAINER
Bei diesem Publikum . . .

BEMMERL *findet keinen freien Tisch, überall ist reserviert . . . Er ist inzwischen in der Nähe der Toiletten gelandet, setzt sich wieder an einen Tisch.* ANNA GIERL, *die Klofrau, blickt von ihrem Strickzeug auf.*
BEMMERL *geht aufs Klo. Herr* HITZEL *und Fräulein* MYRIAM *gehen zur Toilette. Herr* HITZEL *wartet vor der Toilette.*

MYRIAM
Herr Hitzel, ich komm gleich wieder.

HITZEL
O. K., bis gleich.

Fräulein MYRIAM *geht ins Klo.*

42 Wohnung Weitel **Innen/Nacht**

WEITEL *am Telefon.*

WEITEL
Ja genau, Traumpolice, des is . . . Ja, danke, und wie komm ich da hin? . . . Ja, an Augenblick, ich notier mas . . .

Er nimmt einen Kugelschreiber.

Hallo, Moment, bleibens dran, der schreibt net.

Er kramt hastig nach einem anderen Schreibrequisit.

WAGUSCHEIT
Mutti, ich hab doch schon gessen und i mach doch grad meine Eierkur.

MUTTER
Zwei Stund hab ich jetzt an des Gulasch hinkocht, jetzt wird gessen.

WAGUSCHEIT
Aber Mutti, des kann ma doch aufwärmen.

MUTTER
Na, nix, du gehst aufn Ball, da brauchst a Unterlag.

WAGUSCHEIT
Da muß ich doch auch wieder essen, Mutti.

MUTTER
Jetzt ißt da herin und sparst dir das Essen aufm Ball. Auf so Bälle is eh immer alles viel zu teuer.

WAGUSCHEIT
Mutti, ich hab scho wieder fast 80 Kilo.

MUTTER
Also des bißl Gulasch macht die Sache net fett.

WAGUSCHEIT
Mutti . . .

MUTTER
So, jetzt komm und iß. Guten Appetit.

WAGUSCHEIT
Danke.

Die MUTTER *serviert Gulasch.* WAGUSCHEIT *ißt.*

BEMMERL *kommt von der Toilette.*

BEMMERL
I hob einmal bieseln und Händewaschen, net daß ma an Stuhlgang berechnen, gell, und ohne Seife.

GIERL
Mit oder ohne Soafn, des kost' deselbe, 30 Pfennig. D' Leit wolln ja nur noch feiern heutzutag. Aber soviel Durchfall wie heuer hats seinerzeit net gebn, weils alle soviel fressen und dann hams Angst vorm dick wern, net, und dann nehmens diese Mittel.

BEMMERL
Dreißig Pfennig, hams gsagt.
(zu Hitzel)
Kein Stuhlgang war dabei.

HITZEL
Ah so – Fräulein Myriam!

GIERL
Vergelts Gott. Der öffentliche Dienst, da is des a Ausnahme, wirklich sehr sauber.

GIERL *redet jetzt an* HITZEL *hin.*

Und doch irgendwie ausgelassen. Die ham noch an Stil. Die Juristen san Saubärn. Aber die allerschlimmsten san d' Weiber.

Eine DAME *rennt eilig aufs Klo.*
Fräulein MYRIAM *steht vor dem Spiegel, drückt sich einen Mitesser aus und sprüht dann an ihrem Haar herum. Dazu:*

STIMME HITZEL (OFF)
Ah, ah ja, interessant.
(ruft ins Klo)
Fräulein Myriam!

STIMME GIERL (OFF)
Wenn i's Ihnen sag, die wolln si net hihocka, die nehma d'Brilln in d'Höh, gell, und dann stellen sich oben nauf . . .

STIMME HITZEL (OFF)
Hallo! Fräulein Myriam! Fräulein Myriam! Mensch, das zieht sich . . .

GIERL
Die Inge Meysel, die hob i aa scho da herin ghabt, und i muß sagn, Respekt. Penibelst sauber, und doch so natürlich. Aber sonst, anan öffentlichen Dienst, i sags Ihnen, könnan die alle miteinand net hinschmecken. Studenten, wenn i da net aufpaß, da bieselns umsonst. I sags Ihnen, Leit gibts heutzutag des gibts garnet was für Leit daß 's gibt. Da fragt man sich direkt, gibts des, daß solchene Leit gibt . . . Da, des ist für mei Enkelin, die Natascha, a Pulloverl zum Anziehn. Mir hams grad für acht Tag dahoam, dann muß wieder nei in d' Pathologische. Im Sommer wirds vier Jahr alt.

HITZEL
Fräulein Myriam!

Eine andere DAME *geht in die Toilette.* HITZEL *ruft noch mal in die kurz geöffnete Tür.*

Frau HUMPEL *und Frau* DEMMLER, *zwei Garderobefrauen bedienen und unterhalten sich.* V. MEHLING *steht an der Garderobe und wartet.*

HUMPEL
Na hat er an künstlichen Darmausgang kriegt, aba des hat aa nimmer lang g'halten.

DEMMLER
Wenns mit dene Metastasen erst amal losgeht, net, dann hat des alles koan Wert mehr. Gehört der Schirm auch dazu?

V. MEHLING
Nein.

STIMME JESSIKE (OFF)
Arno!

FRAU *(daneben)*
Das ist mein Schirm.

V. MEHLING *dreht sich um und schaut dann wieder krampfhaft zur Garderobe.*
JESSIKE *steht am Einlaß und winkt.*

JESSIKE
Hallo, Arno!

DEMMLER
Und da hams ihr Zehe für Zehe am andern Fuß auch noch abnehmen müssen, und na hats aa no a Lungenembolie kriegt . . .

V. MEHLING
Sagen Sie mal, können Sie sich nicht etwas beeilen, meine Garderobenmarke.

DEMMLER
Alles der Reihe nach. So a Lungenembolie, damit is fei net zu spaßen.

JESSIKE *(am Einlaß)*
Hier, meine Karte. Geht das nicht ein bißchen fixer?

ZIMMERMANN
Nur net hudeln.

FÜRST
Bei uns kimmt a jeder nei, aber der Reihe nach, gell.

JESSIKE *(winkt)*
Juchhu! Arno!

DEMMLER *gibt* V. MEHLING *seine Garderobenmarke.*

DEMMLER
Die Embolie is an und für sich noch glimpflich verlaufen, aber . . . So, bittschön, der Herr . . . Aber der Muskelschwund war dann nicht mehr zum Aufhalten.

V. MEHLING *eilt hastig in Richtung Ballsaal.*
JESSIKE *kommt vom Einlaß zur Garderobe, schaut sich um,* V. MEHLING *ist weg.*

JESSIKE
Arno!

HUMPEL
Aber sonst wärs ja noch ganz rüstig gwesen.

Herr FRIEDEL , *Kontrolleur, sortiert Pappnasen und Türkenfese.* DEUTELMOSER *steht am Saaleingang und schaut.*

WONDRAZIL
Herr Friedel, des heut san so fade Versicherungsheinis, da müassens fei aufpassen, wegam Kostümzwang.

FRIEDEL
Ja, an Nosen is es mindeste.

WONDRAZIL
Also, ich will keinen ganz in Zivil sehn. Was is an Tisch 13? Kein Service! Rosario, habts ihr scho die Speisekartn aufglegt? Bei uns kann man essen! Rosario, Franco, Herr Dobler! Mein Gott, diese Arschlöcher . . .
(rennt)

SEPP
Da schaug amal, was halstn von dem?

FRIEDEL
Wem?

SEPP
Da, eahm, in der Mitten.

Man sieht Herrn RÖSNER, *unscheinbar in Rollpulli mit Hütchen auf.*

FRIEDEL
Ah den da. Herr Wondrazil, da schauns amal.

WONDRAZIL
I kenn die Sorten. Den bhaltets im Auge.

FRIEDEL
Ja, des werd koa Fehler sein.

SEPP
Du, Schwantaler, da schaug amal.

SCHWANTALER
Wo?

SEPP *macht ein Zeichen auf* RÖSNER.

SEPP
Er.

RÖSNER *(ruft)*
Hallo, Herr Ober!

KELLNER
Sofort.

SCHWANTALER
Ja, schon vorgemerkt.

WONDRAZIL
Gell, da werf' ma Auge drauf.

SCHWANTALER
Ich kenn diese Brüder.

Die ganze Zeit über steht DEUTELMOSER *unentschlossen am Saaleingang und schaut sich um.* JESSIKE *wippt in den Saal, anfangs nur von hinten zu sehen.* DEUTELMOSER *geht zielstrebig hinter* JESSIKE *her, tippt ihr auf die Schulter.*

DEUTELMOSER
Na wie wärs Schatzi, do you like dancing, I'm a Wolpertinger and what are you?

JESSIKE *hat sich umgedreht,* DEUTELMOSER *schaut betreten.*

DEUTELMOSER
Ah, Frau Jessike . . . nja . . . ha . . .

JESSIKE
Winfried! Hallo, hallöchen, auch schon eingetroffen. Also wie wärs?

DEUTELMOSER
Naa . . . Es muß net sei . . . außerdem i muß . . .

JESSIKE
Ach ja, also dann . . .

Im Hintergrund ein SCHWÄTZER.

SCHWÄTZER
Ich bin der Meinung, Kriege hat es immer gegeben und wird es immer geben, solange es Konflikte gibt.

SIE
Sag amal was für Sternzeichen bist en du?

WEITEL *steigt in die Trambahn.*

WAGUSCHEIT *rennt zur Bushaltestelle. Der Omnibus fährt gerade weg.* WAGUSCHEIT *winkt noch.*

WAGUSCHEIT
Hallo!

WAGUSCHEIT *seufzt und wartet. Einige halbwüchsige* ROCKER *fahren mit Mofas und 75-ccm-Maschinen um* WAGUSCHEIT *herum.*

ROCKER
Mäh . . .

Die ROCKER *fahren knapp an* WAGUSCHEIT *vorbei.*

WAGUSCHEIT
Obacht!

ALLE ROCKER
Mähhh!

Die ROCKER *fahren immer knapper.*

WAGUSCHEIT
He Obacht!

ROCKER
Geh, laßts doch die fette Sau in Ruah, was wollts denn von der.

ROCKER
Mäh.

Die ROCKER *fahren davon in die Nacht.*

Mittelbesetzte Trambahn, WEITEL *unter den* FAHRGÄSTEN, *vereinzelt* BALLGÄSTE, *die meisten Reisenden nicht kostümiert. Zwei* KONTROLLEURE *kontrollieren die Fahrscheine. Die* FAHRGÄSTE *zeigen ihre Fahrausweise,* WEITEL *kramt in seinen Taschen.*

KONTROLLEUR
So, die Fahrkarten bitte.

WEITEL
An Moment, gleich.

KONTROLLEUR
Jaja.

WEITEL
I hab an Fahrschein, Moment.

KONTROLLEUR
Des kemma scho.

WEITEL *kramt hastiger.*

WEITEL
Gleich – also des ist doch wie verhext.

KONTROLLEUR
40 Mark.

WEITEL
Aber i hoab doch an Fahrschein.

KONTROLLEUR
Jaja scho recht. 40 Mark oder Polizei.

WEITEL
I find ihn nur net.

KONTROLLEUR
Das Nichtfinden einer Fahrkarte kostet ebenfalls 40 Mark.

WEITEL
Aber i suach ’n doch.

KONTROLLEUR
Ja zahlens, oder gehma?

WEITEL
Ich versteh des net. I hob oan dabei, i hob an neuen Fahrschein kafft.

KONTROLLEUR
Ja habens jetzt die 40 Mark oder einen gültigen Ausweis . . .

WEITEL
I hobn dabei ghabt, i woaß gwiß, ah, was kost des?

KONTROLLEUR
40 Mark.

WEITEL *gibt ihm einen 50-Mark-Schein.*

WEITEL
Da.

Der KONTROLLEUR *gibt* WEITEL *zwei 5-Mark-Stücke zurück.*

KONTROLLEUR
Und zehn zurück. Nächstesmal kaffas Eahna halt glei an Fahrschein, gell.

WEITEL
I hob oan kafft, i versteh des net.

KONTROLLEUR
Jetzt hams oan.

WEITEL *verstaut die 5-Mark-Stücke und findet dabei seinen Fahrschein im Geldbeutel.*

WEITEL
Ah hallo, da is er . . . Mei . . . Gell, ich habs doch gwußt, daß i an Fahrschein hob.

KONTROLLEUR
Des hättens auch gleich sagen können.

Keine Reaktion der übrigen FAHRGÄSTE.

DEUTELMOSER *bei einem erneuten Aufreißversuch.*

DEUTELMOSER
Na Schatzi, wie wärs, do you like dancing, I'm a Wolpertinger and what are you?

Ein MANN *kommt dazu.*

MANN
Is waas?

DEUTELMOSER *geht kleinlaut weg.*

JESSIKE *sucht von der Galerie aus, entdeckt* V. MEHLING, *der gerade angekommen ist.*

JESSIKE
Arno!

V. MEHLING *bemerkt* JESSIKE, JESSIKE *eilt zu* V. MEHLING, V. MEHLING *bemerkt auch dies und versucht unauffällig sich zu entfernen. Es hilft nichts,* JESSIKE *holt* V. MEHLING *ein.*

JESSIKE
Arno! Hallo, hallöchen, was machstn du hier?

V. MEHLING
Ah Frau Jessike, so eine Überraschung.

JESSIKE
Ich hab nen Tisch für uns alle reserviert.

V. MEHLING
Sehr freundlich, vielen Dank.

WEITEL, *in einer Menschenschlange, weiter hinten* WAGUSCHEIT.

ZIMMERMANN
Hams a Karten?

WEITEL
Ja, aber ich muß doch nur gschwind wen suchen . . .

ZIMMERMANN
Hams a Karten oder hams koane?

WEITEL
Nein. Leider nicht.

ZIMMERMANN *reißt eine Karte ab von einem anderen* BALLGAST.

ZIMMERMANN
Ja, is gut.
(zu Weitel)
Na also.

WEITEL
Könnten Sie denn net dann vielleicht den Herrn v. Mehling ausrufen lassen?

FÜRST
Wir ham was anderst zum doa, gengans auf Seiten.

ZIMMERMANN
Der Kerl halt den ganzen Betrieb auf.

DR. LENGFELDER
Guten Abend, mein Name ist Dr. Lengfelder, ich steh auf der Liste.

ZIMMERMANN *(schaut nach)*
Ah ja, bittschön, kommens rein, Galerie, Tisch 1, und viel Spaß noch.

DR. LENGFELDER *geht in den Saal,* WAGUSCHEIT *(hinter Lengfelder) hat den Vorgang bemerkt.*

Die nächste am Einlaß ist WAGUSCHEIT.

WAGUSCHEIT
Ah, Herr Weitel, sans doch kommen.

WEITEL
Ja, ich bin schon kommen, aber ich komm net nei.

FÜRST *(zu Waguscheit)*
Eahna Karten und gengens weiter . . .
(zu Weitel)
Kimm, schleich di . . . Schwantaler!

WAGUSCHEIT *wird geschoben.*

WAGUSCHEIT
Wartens gschwind, i schaug, was ich machen kann. I kimm glei wieder.

WEITEL
Ja, ja, i wart, dankschön, gell!

ZIMMERMANN
Herrschaft, jetzt geh auf d' Seiten. Bittschön, Ihre Karten, der Herr.

Ein neuer BALLGAST *wird eingelassen.* WEITEL *macht einen Versuch, sich an* FÜRST *vorbeizudrücken.*

ZIMMERMANN/FÜRST
Schwantaler! Mike!

Man sieht die Stiefel von SCHWANTALER *und* MIKE *die Treppe auf* WEITEL *zugehen.* WEITEL *weicht wieder zurück.*

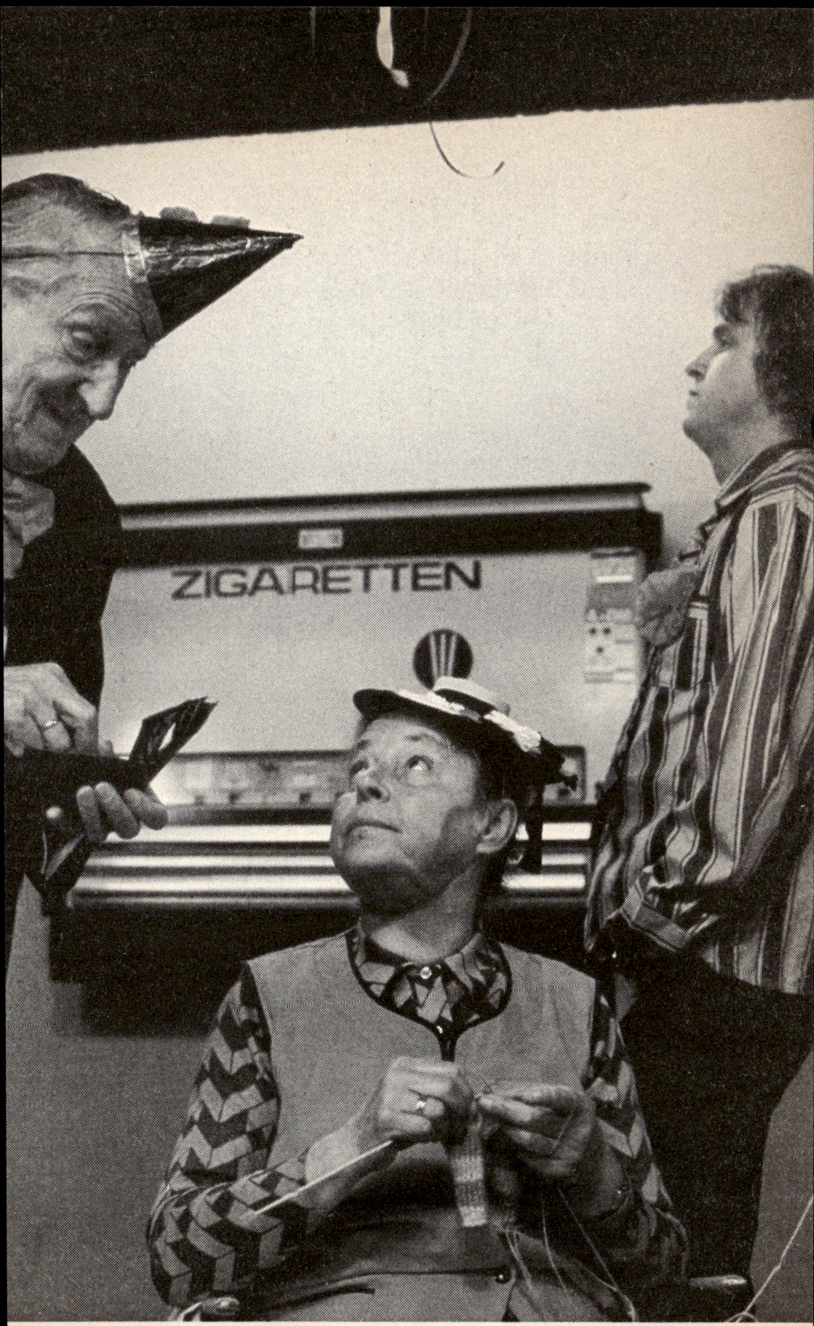
ZIGARETTEN

WEITEL
Ehrlich, i brauch nur ganz kurz.

ZIMMERMANN
Ssst.

WEITEL
Sagen Sie, könnt ich nicht wenigstens 50 Mark hinterlegen, und nur kurz neigeh'?
(hält 50 Mark hin)

ZIMMERMANN *(steckt den 50-Mark-Schein ein)*
O. K., gehngas zua.

WEITEL
Sie, des Geld krieg ich aber wieder . . .

ZIMMERMANN *gibt* WEITEL *kommentarlos das Geld zurück, versperrt ihm den Weg und ruft:*

ZIMMERMANN
Schwantaler! Mike!

WONDRAZIL
Franco, Herr Dobler, was issn? Kein Service!

FRIEDEL
Ja ich schaug aa scho die ganze Zeit zua wie sie sich Zeit lassen.

WAGUSCHEIT
Sie, entschuldigens, i such en Geschäftsführer.

WONDRAZIL
Ja, der bin ich. Worum gehts?

WAGUSCHEIT
A Frage, is mei Mann schon da?

WONDRAZIL
Gnä Frau, da hätt i viel zum doa, wenn i auf alle Männer aufpaß da herin.

WAGUSCHEIT
Nana, mei Mann is auf der Liste.

WONDRAZIL *(freundlich)*
Ah so, gnä Frau, Moment. Wie heißt denn Ihr Mann?

Er zieht seine Liste raus.

WAGUSCHEIT
Ja er is so a großer, kräftiger und hat a Pullover an.

Sie versucht einen Blick auf WONDRAZILS *Liste zu erhaschen.*

WONDRAZIL
Der Name, gnä Frau . . .

WAGUSCHEIT *zögert einen Moment.*

Sie wern doch wissen, wie Ihr Mann heißt.

WAGUSCHEIT
Dr. Berzelmeier.

WONDRAZIL
Moment, da fragn ma amal.

Er geht in Richtung Einlaß, WAGUSCHEIT *hinterher.*

WONDRAZIL
Heinz, is der Dr. Berzelmeier scho herin?

ZIMMERMANN *schaut nach.*

ZIMMERMANN
Wie hoaßt der?

WONDRAZIL
Dr. Berzelmeier.

ZIMMERMANN
Dr. Berzelmeier. Moment.

WAGUSCHEIT
Da is ja mei Mann. Hallo Erwin!

Sie geht auf WEITEL *zu,* WEITEL *dreht sich um, schaut nach dem Erwin, den* WAGUSCHEIT *anspricht.* WAGUSCHEIT *hakt* WEITEL *unter.*

WAGUSCHEIT
Erwin, wo warstn?

WEITEL
Aso, ja ich, es is, wissens . . .

WAGUSCHEIT *rempelt* WEITEL.

WAGUSCHEIT
Los, Beeilung, die warten schon alle.

WEITEL
Aso, die warten schon alle.

ZIMMERMANN
Ja, ha . . . hehe . . . dageblieben!

WONDRAZIL *(zu Zimmermann)*
Heinz, dua di fei mäßigen . . .
(zu Weitel)
Herr Doktor, Sie müssen verstehn, es geht halt zu da herin.

WEITEL
Ja, das glaub ich Ihnen.

WONDRAZIL
Sie san Tisch 2 auf der Galerie.

WEITEL
Aso, Tisch 2, schön.

WAGUSCHEIT
Jetzt kimm scho, Erwin.

WONDRAZIL *(zu Zimmermann)*
Dr. Berzelmeier streichen!

ZIMMERMANN *sieht den beiden nach.*

ZIMMERMANN
Des hätt der doch glei sagn könna, der Depp. Der hat eigentlich garnet wie a Doktor ausgschaugt.

FÜRST
A komischer Vogel.

ZIMMERMANN
Naja.

Er streicht Berzelmeier von der Liste.

DEMMLER
Des war praktisch a Mittelohrvereiterung, da is der Eiter direkt rausgespritzt, so prall wars Ohr mit Eiter gefüllt.

WEITEL
Des war fei sehr nett von Ihnen.

WAGUSCHEIT
Ja, aber sagns fei niemand, daß ich Sie reingholt hab.

HUMPEL
Also wenn Sie mich fragn, kommt des von dieser verschleppten Drüsengeschichte.

WEITEL
Apropo . . . äh . . . wo find ich jetzt an Herrn v. Mehling?

WAGUSCHEIT
Ja da kann i Eahna jetzt net aa noch suchen helfen.

WEITEL
Ah ja, dankschön.

DEMMLER
Nein, des is von de Stirnhöhlen ausgangen.

WEITEL
Sehn mir uns nachad noch?

WAGUSCHEIT
Ja, vielleicht sieht man sich noch.

DEMMLER
. . . die warn aa total vereitert.

WEITEL

Also dann einstweilen nochmals . . . ah Sie, Frau, halt, mein Mantel noch mal bittschön.

WAGUSCHEIT

Also dann . . . schön Herr Dr. Berzelmeier.

Sie geht und winkt WEITEL *zu.*

WEITEL

Ja, hahaha, des war guat.

DEMMLER *gibt* WEITEL *noch mal seinen Mantel,* WEITEL *nimmt aus der Manteltasche einen verknautschten Faschingshut und setzt ihn auf.*

DEMMLER

Also um ein Haar hättens der das Ohr abnehmen müssen, da war alles scho von Eiter zerfressen.

WAGUSCHEIT *steht am Ballsaaleingang, sieht* DEUTELMOSER *bei seinem Aufreißversuch.*
DEUTELMOSER *wieder beim Versuch aufzufordern.*

DEUTELMOSER
Na Schatzi, wie wärs, dou you like dancing, I'm a Wolpertinger and what are you?

DAME
Komm, zisch ab!

DEUTELMOSER *schaut, ob jemand seine »Niederlage« mitbekommen hat, entdeckt* WAGUSCHEIT. WAGUSCHEIT *winkt zaghaft,* DEUTELMOSER *schaut weg,* WAGUSCHEIT *geht . . .*

SCHWANTALER
Was trinkts denn der überhaupt?

SEPP
I glaub a Wasser

WEITEL *schaut sich im Ballsaal um.*

SCHWÄTZER (= MANN MIT NASE)
Ich finde bei diesen Werner-Herzog-Filmen spürt man immer ganz deutlich den Einfluß von Habermas aus den achtundfünfzigern.

SIE
Ja, des kann scho sein, aber jetzt kommt der Schunkelteil.

WEITEL *entdeckt* MEHLING, *ruft:*

WEITEL
Herr v. Mehling! Herr v. Mehling!

WEITEL *rennt in den Saal, rempelt dabei einen* JAPANER.

WEITEL
Oh Entschuldigung.

Der JAPANER *lächelt.*

WEITEL
Jetzt sima zusammengeprallt.

JAPANER
He?

WEITEL
Wir sind zusammengeprallt.

JAPANER
Vielen Dank.

WEITEL
Aber Ihnen nichts passiert.

JAPANER
Ja, vielen Dank.

WEITEL
Bitte, keine Ursache. Also Wiederschaun.

Er geht weiter.

SEPP
I sag dirs, des is ois Tarnung bei dem Kerl.

SCHWANTALER
Lang schaug i da nimmer zua.

RÖSNER *(ruft)*
Herr Ober!

SEPP
Da, scho wieder.

SCHWANTALER
Schau dir das an.

Die Musik spielt, WEITEL *sucht.*

Ein furchtbares Gedränge am Weißwurstkeller. WAGUSCHEIT *kommt mit Würsten aus dem Weißwurstkeller,* WEITEL *will in den Keller.*

WEITEL
Ha so trifft man sich . . . an guaten.

WAGUSCHEIT
Ja so trifft man sich.

WEITEL
Geht ganz schön zua.

WAGUSCHEIT
Ja, ist ganz schön was los . . . Also dann . . .

WEITEL
Ja, also dann . . . äh . . . hallo, is der Herr v. Mehling drunten?

WAGUSCHEIT *hört das nicht mehr.*

BEMMERL *hat sich eine neue Maß Bier geholt, setzt sich wieder.*

BEMMERL *(zu Gierl)*
Heit gehts zua.

GIERL
Ja mei, jetzt hamas bald überstanden.

WANDREY *kommt vorbei.* BEMMERL *sitzt allein am Tisch.*

BEMMERL
Ah, der Herr Wandrey, sans aa scho kemma. Da, hock di her.

WANDREY *geht weiter.*

BEMMERL
He, Wandrey!

WANDREY *geht in Richtung Bar,* BEMMERL *trinkt einen Schluck.*

HITZEL
Fräulein Myriam, hallo!

DEUTELMOSER *kommt aus dem Klo, sieht* BEMMERL.

DEUTELMOSER
Ja, der Bemmerl, da sans ja. Wo san denn die andern?

BEMMERL
Hock di hi. Sans grad erst kemma?

DEUTELMOSER
Na, i hob no an Autounfall erlebt. I hob an Zeugen machen müssen . . . da is bsetzt, gell?

GIERL

Ja, da is bsetzt.

BEMMERL

Ja, da is bsetzt.

DEUTELMOSER

A, da is bsetzt. Wo san denn die andern?

BEMMERL

Vom Sperling-Konzern sind heuer viel da.

DEUTELMOSER

Und von die unsern?

BEMMERL

Mei, wie allweil, die normalen halt.

Herr HITZEL *wartet immer noch.* SCHWEIN *und* MAUS, *zwei Vollmasken, setzen sich an einen kleinen Tisch in der Nähe. Fräulein* MYRIAM *kommt toll frisiert aus der Toilette.*

MYRIAM

Tschuldigen Sie, Herr Hitzel, es hat an Moment gedauert.

HITZEL

Nicht so tragisch. Ich hab schon nen Tisch für uns.

Ein BETRUNKENER *mit Gummihammer wankt zum Klo. Er haut Fräulein* MYRIAM *auf den Kopf, die Frisur ist wieder im Eimer, Fräulein* MYRIAM *geht wieder in die Toilette.*

MYRIAM

He Sie!

HITZEL

Idiot!

MYRIAM

So ein Depp. An Augenblick, Herr Hitzel.

Fräulein MYRIAM *geht wieder in die Toilette.*

WANDREY *an der Bar.* JEANETTE *und* ROSIE, *zwei Barfrauen, unterhalten sich.* NADINE, *Barfrau, spült im Hintergrund Gläser.* USCHI *poliert die Bartheke.*

WANDREY
Hallo Sie!

ROSIE
Des war praktisch a Totaloperation.

JEANETTE
Wie alt war denn die nachad, die war doch noch ganz jung?

ROSIE
29. Mit so Unterleibsachen, Eierstöcke und so ist nicht zu spaßen.
(zu Wandrey)
So, was kriegstn, Zorro?

WANDREY
An Whisky. Bourbon.

JEANETTE
Des kimmt davo weils immer so leicht rumlaaft. I hob auch a Zeitlang nur so dünne Unterhosen anghabt, im Winter, und da hab ich dann aber so an Ausfluß kriegt, des war also dermaßen unangenehm, i hab ihn kaum mehr wegbracht.

NADINE
Des is praktisch wie Fußpilz, den werst auch kaum los . . .

ROSIE
Ja, mit ’m Unterleib is net zum Spaßen. Da, ein Bourbon fürn Zorro. 15 Mark.

AMÖBIUS
Das ist die beste Skibindung, die ich je hatte.

MECHOFF
Tatsächlich?

AMÖBIUS
Das Gute an der Bindung ist praktisch, daß sie so flexibel reagiert.

MECHOFF
Bei Frontalstürzen und so, verstehe.

AMÖBIUS
Ja, da geht sie sowieso auf. Vor allem aber bei ungewöhnlichen Stürzen aus dem Stand raus, geht sie auch auf.

WEITEL *kommt an die Bar.*

WEITEL
Hallo, Fräulein!

NADINE
Des war aa scho der zweite Abort, und dann san diese Komplikationen kommen, die war buchstäblich bald abkratzt . . .

WEITEL
Sie Fräulein, war da so a Herr da mit so aner Kapitänsmütze?

NADINE
So, was kriegn ma, Hasi?

WEITEL
A weiße Kapitänsmütze hat er auf. A Bier.

NADINE
Hama net. Mir ham bloß Longdrinks, Schampus und Schnäpse.

WEITEL
Ah so, danke, Wiederschaun.

WEITEL *geht, sieht* WANDREY *am Flipper.*

ROSIE
Der hams dann praktisch alles auskratzt, sonst hättses nicht überlebt.

AMÖBIUS
Selbstverständlich muß der Ski auch zur Bindung passen, keine Frage, aber diese Bindung ist praktisch universell einsetzbar. Vor allem wenn die Piste total vereist ist, in so Schräglage, beim Verkanten, da muß ja so eine Bindung erst mal richtig was leisten.

MECHOFF
Ja ich fahr ja schon seit Jahren nicht mehr Ski.

WEITEL
Ah, Grüß Sie Gott, Herr . . . äh . . . Sie, ich such an Herrn v. Mehling. Ham Sie vielleicht den irgendwo gsehn?

WANDREY
Na suchensen doch.

WEITEL
Ah ja, danke.

Der Vorstand steht an der Garderobe und gibt Aktenkoffer und Mäntel ab.

DEMMLER
Und da hams dera Frau die Polypen und die Nasenscheidewand rausoperiert, dabei hat sichs erst hinterher rausgestellt, daß des doch a Wucherung war. 3,60 bitte. Des auch dazu?

V. RÜDEN
Ja, diese beiden Mäntel bitte auch noch.

HUMPEL
Wars bösartig?

DEMMLER
Meines Wissens ja. Da krieg i nomal 3,60. Aber des Tragischste an dem Fall war ja, daß die Versicherung nix mehr zahlt hat.

HEINZEL *(legt Geld hin)*
Stimmt so.

HUMPEL
Dann is zur Krankheit praktisch noch das materielle Elend dazuakemma. Dankschön, der Herr.

DEMMLER
In so am Fall stirbt man am besten.

Der Vorstand will in den Ballsaal. Herr FRIEDEL *bläht sich auf.*

FRIEDEL
Halt, halt, Sie san net maskiert.

V. RÜDEN
Tut mir leid, wir kommen gerade von ner Sitzung.

FRIEDEL
Ha, aber Sie san net maskiert. So kann i Sie net neilassen. Da müssens mindestens jeder a Nasn nehmen. An Hut könnens mieten, a Nasn müssens kaufen.

V. RÜDEN
Nehmen wir Nasen.

Während FRIEDEL *die Nasen abzählt:*

WONDRAZIL
Also i gib eahm noch a halbe Stund maximal, dann isser fällig. Der Kerl is a direkte Provokation. Der wui uns provozieren . . . Was sauft denn der?

SCHWANTALER
I glaub a Wasser.

RÖSNER *nippt an seinem Mineralwasser.*

WONDRAZIL
Na kann er hernach sagn er hat nix gsoffen. Jedenfalls lang schaug i da nimmer zua . . . Jessas, Franco!

Er rennt weg.

FRIEDEL
Des is gscheit. Die Nasn könnens immer wieder

verwenden, wenns nächsts Jahr wiederkommen oder so . . .

V. RÜDEN *(legt 50-Mark-Schein hin)*
So hier bitte, 5 Nasen.

FRIEDEL *gibt 5 Nasen,* MATTUSEK *kramt in ihrer Handtasche.*

FRIEDEL
Ja des stimmt dann.

V. RÜDEN
Meine Herren, bitte bedienen Sie sich. Hier, Fräulein Mattusek . . .

MATTUSEK
Dankschön, ich hab selber eine dabei.

V. RÜDEN *(im Weitergehen)*
Na nun nehmen Sie schon, zur Reserve . . .

SCHWÄTZER
Das Abendland war schon immer die Brutstätte abendländischer Kultur, findest du nicht.

SIE
Ja genau, aber wie spät hamasen?

WEITEL *erklärt dem* JAPANER, *den er vorhin gerempelt hatte, gerade was Stimmung ist. Dadurch gerät er plötzlich, dadurch daß sie durch eine Tür gehen, in einen Nebentrakt.*

WEITEL
Stimmung, des is, mei wie soll ich sagn, Lachen, a Gaudi, äh, die Leute haben Hüte auf, viel trinken, Musik, äh Lachen, a Gaudi, schunkeln und so, verstehn Sie?

JAPANER
Vielen Dank.

WEITEL
Mei, wie soll ich noch erklärn, verstehn Sie jetzt, Stimmung am Höhepunkt, jetzt, jetzt Zenit von Gaudi, ein paar Stunden noch, dann keine Stimmung mehr, dann Kehraus, verstehn Sie? Aber jetzt Höhepunkt von Stimmung.

JAPANER
Obacht!

WEITEL *rammt rückwärts gegen einen* OBER *mit vollem Tablett. Das Tablett kracht zu Boden, viele Scherben.*

OBER *(Rosario)*
Herrschaftzeiten Arschloch, paß doch auf, du Depp! Herr Wondrazil!

WONDRAZIL *eilt herbei.*

WONDRAZIL
Ja Sapperlott! Herr Farukzat!

ROSARIO
Er ist mir neigrennt, Herr Wondrazil.

WEITEL
Ja, es tut mir leid.

Der JAPANER *verkrümelt sich einstweilen.*

WONDRAZIL
Sie ham doch da nix verlorn, steht doch draußen: Nur für Personal. Seltene Trotteln gibts.

WEITEL *will gehen.*

WEITEL
Mei, es tut mir wirklich leid.

WONDRAZIL
Ja hehehe Sie, hiergeblieben!

Herr FARUKZAT, *der Putzmann, kommt.*

WONDRAZIL
Da zammkehrn! Servierens weiter, Rosario, i regel des scho.

Herr FARUKZAT *kehrt,* ROSARIO *geht.*

ROSARIO *(im Abgehen)*
Arschloch.

WONDRAZIL
Also, wie stellen Sie sich das vor, Sie ham da Geschirr im Gegenwert von approximativ 40 Mark ruiniert, sagn ma mit Reinigungsgebühren 60 Mark.

WEITEL
60 Mark! Ja, aber . . .

WONDRAZIL
Zahlens an Fuchzger, dann sans gut bedient.

WEITEL
Ah so, also 50 Mark hams gsagt.

WEITEL *gibt* WONDRAZIL *50 Mark.* WONDRAZIL *steckt Geld in die Tasche.*

WONDRAZIL

Da hams eh noch an guatn ›deal‹ gmacht. So und jetzt schaugns daß S' weiterkemman.

WEITEL

Und Sie san ganz sicher, daß Sie sich da net verrechnet ham?

Er geht.

WONDRAZIL *(wird stutzig)*

Jesses, oh, des war ohoho, des war ja dieser Berzelmeier.

WONDRAZIL *rennt* WEITEL *nach.*

WONDRAZIL

Ah Herr Doktor, hallo Herr Dr. Berzelmeier, hallo!

WEITEL *ist verschwunden.*

Dr. BERZELMEIER *entsteigt einer schweren Daimler-Benz-Limousine. Der* CHAUFFEUR *hält die Tür auf und reicht* BERZELMEIER *eine Nase, einen Orden und eine Narrenpritsche.*

CHAUFFEUR
Also dann, Herr Dr. Berzelmeier, viel Spaß.

BERZELMEIER
Ja danke, Karstner. Holen Sie mich bitte um 0.17 Uhr am Nebeneingang ab . . . und kein Aufsehen bitte.

CHAUFFEUR
Selbstverständlich, Herr Dr. Berzelmeier.

BERZELMEIER
Aber pünktlich, mein Lieber. Meine Maschine hat nur bis 0.50 Uhr Starterlaubnis.

CHAUFFEUR
Selbstverständlich, Herr Dr. Berzelmeier.

ROSIE
Den Prämiensparvertrag hat mein Verlobter nachad noch aufgestockt mit seinem Anteil vom 624-Mark-Gesetz.

AMÖBIUS
Gut, diese Bindung ist zwar etwas teurer, aber ich habe eine Quelle, da bekomme ich 42%, direkt von der Messe.

MECHOFF
Ah, von der Messe.

JEANETTE
Ja, aber ihr habts schon noch den Bausparvertrag extra beibehalten, der soll doch scho bald zuteilungsreif werden . . .

ROSIE
Doch, soweit man des bis jetzt sagen kann, ja.

AMÖBIUS
Auch im Tiefschneetest schneidet diese Bindung eindeutig am besten ab.

NADINE
So, i glaub jetzt rührt sich was . . . Hallo die Herrschaften.

MECHOFF
Apropos, wo sind denn die andern?

HEINZEL
Hier?

V. RÜDEN
Ja, hier wolln wir mal unsere Zelte aufschlagen.

NADINE *(nochmals)*
Hallo die Herrschaften.

HEINZEL
Hoffentlich hamse nen vollen Keller, Fräulein.

V. RÜDEN *(anzüglich)*
Ein volles Dekolleté ist ja bereits vorhanden, hahahaha.

HEINZEL *(zu Jeanette)*
Ah Fräulein, dürfen wir Sie auf ein Schlückchen Schampus zu uns bitten?

V. RÜDEN
Accubare, wie der Lateiner zu sagen pflegt.

JEANETTE *(zu Rosie)*
Was san denn des für Ärsche?

ROSIE
Psst. Des san Chefs.

BERZELMEIER
Was erlauben Sie sich, wen glauben Sie wen Sie vor sich haben!

ZIMMERMANN
Des is mir wurscht.

BERZELMEIER
Mein Name ist Dr. Berzelmeier, ich stehe auf der Liste.

ZIMMERMANN
Des kann garnet sein, weil der is schon drin.

Er zeigt seine Liste.

Wenn Sie der Berzelmeier san, dann san Sie schon drin.

BERZELMEIER
Also was erlauben Sie sich!

FÜRST
Sepp! Mike! Schwantaler!

Die Ordner setzen sich in Bewegung, Berzelmeier zückt 50 DM.

BERZELMEIER
Wissen Sie was, ich habe meine Zeit nicht gestohlen, hier nehmen Sie.

ZIMMERMANN *(steckt 50 DM ein)*
Vielen Dank, Herr Dr. Berzelmeier.
(läßt ihn passieren)

SEPP *und* MIKE *kommen . . .*

SEPP

Was isn los? Is was?

ZIMMERMANN

Nanaa, scho gut, scho vorbei . . .

DEUTELMOSER, WAGUSCHEIT, BEMMERL *und inzwischen auch* V. MEHLING *und* JESSIKE *sinnlosen vor sich hin.* WAGUSCHEIT *ißt eine Weißwurst,* V. MEHLING *pustet eine Luftschlange auf einen betrunkenen* GAST, *der gerade aufs Klo geht.*

BETRUNKENER
Hör auf, sonst batz i dir oane . . .

JESSIKE
Arno, ich an deiner Stelle würde mich jetzt nicht umdrehn.

V. MEHLING
Wieso? *(dreht sich um)*
Jessas. *(schaut weg)*

DEUTELMOSER
Der geht scho wieder.

Die Kamera beobachtet WEITEL, WEITEL *fragt offensichtlich eine* BEDIENUNG *nach* V. MEHLING. *Dazu:*

WAGUSCHEIT (OFF)
Wer?

Die BEDIENUNG *deutet in Richtung Toilette . . .*

DEUTELMOSER
Der da, dieser Dings vom Mehling . . .

WAGUSCHEIT
Ach, Sie meinen an Herrn Weitel, dem bin ich heut auch schon begegnet.

DEUTELMOSER
Ja genau, der. Woher wissen Sie no den Namen?

WAGUSCHEIT
Mei . . .

V. MEHLING
Wer hat denn dieses Rindvieh auf unsern Ball eingeladen? Scheiße.

WEITEL *geht in Richtung Belegschaftstisch,* V. MEHLING *flieht auf die Toilette.*

AMÖBIUS *und* MECHOFF *auf der Toilette,* V. MEHLING *eilt ebenfalls auf die Toilette, ißt hastig zwei Magentabletten.*

AMÖBIUS
Der Abschluß zwischen Skischuh und Bindung ist nochmals gesichert durch eine Art Schraube, also einen Mantel mit Schraube.

MECHOFF
Ach! Ist ja interessant, eine Mantelschraube.

AMÖBIUS
Nein, so nicht. Keine Mantelschraube, aber Herr Mechoff, ich glaube jetzt wirds Zeit.

Neben den beiden Urinierenden erbricht sich ein BETRUNKENER *am Ausguß.*

MECHOFF
Ja, ja, jetzt müssen wir schon langsam . . . ah . . . Vorsicht.

Die beiden Narren brechen auf, der BETRUNKENE *streift* V. MEHLING *mit einer neuen Kotzladung . . .*

V. MEHLING
He Sie!

BETRUNKENER
Halts Mäu, sonst batz i dir oane, Salzneger . . .

Am Belegschaftstisch.

JESSIKE

Hm, was essen Sie denn da Leckeres, Frau Waguscheit?

WAGUSCHEIT

Weißwürscht.

BEMMERL

Um so a Wurscht war ich unheimlich froh gwesen, da wärn mir kilometerweit ganga, seinerzeit, 43, in Brizansk, den Faschingsdienstag, den vergiß i nimmer.

DEUTELMOSER

Ah, der Wandrey, da sans ja!

BEMMERL

Ein Kamerad von mir, der hat sich so komisch verkleidet . . .

JESSIKE

Markus, Süßi, sieh mal was Frau Waguscheit da Leckeres ißt.

BEMMERL

. . . der wollt halt an Schmarrn machen, gell . . .

WANDREY

Ja, Weißwürscht.

BEMMERL

Ich sage: Halt! Wer da? Stehn bleiben!

JESSIKE

Markus Süßi, wir sterben hier alle vor Hunger . . .

BEMMERL

Man hat ja net gwußt was is 43, wohl gemerkt, 43 Faschingsdienstag!

JESSIKE

Markus Süßi, sei'n Kavalier, sei'n Süßi, hol uns allen eine Wurst.

BEMMERL
Wias de Teifi will, ein Kamerad von mir schießt sofort . . .

JESSIKE *umarmt* WANDREY, *schnappt sich* WANDREYS *Pistole und zielt auf ihn.*

JESSIKE
Also Markus, du holst jetzt ne Wurst, oder ich schieße.

WANDREY *wird bleich und hebt die Hände hoch.*

WANDREY
Net, hörns auf, hörns auf, san Sie wahnsinnig!

BEMMERL
Zielt, schießt sofort und trifft eahm . . .

WANDREY
Gebens sofort die Pistole her!

JESSIKE *weicht zwei Schritte zurück, entsichert.*

JESSIKE
Erst die Wurst holen . . .

BEMMERL
. . . Trifft eahm also direkt da . . .

WANDREY
San Sie wahnsinnig! Gebens die Pistole her!

JESSIKE
Und Brezen und Senf!

BEMMERL
Also 6 Zentimeter unterm linken Schulterblatt . . .

JESSIKE
Lauf, oder es knallt!

BEMMERL
Der Mann hätt hin sein können . . .

WANDREY
I geh, i geh ja, aber gebn's um Gottswilln die Pistole her.

DEUTELMOSER
Der duad, wie wenns a echte waar.

BEMMERL
Der Kamerad hat gmoant a Partisan . . .

JESSIKE *gibt* WANDREY *seine Pistole wieder.* WANDREY *verstaut die Pistole und sichert sie.*

JESSIKE
Also, wer will jetzt alles ne Wurst? Ich hätte gern drei.

BEMMERL
Aber durch die Verwundung hat der ander heimdürfen.

WAGUSCHEIT
Mir zwoa.

BEMMERL
An Heimatschuß ham mir damals gsagt.

HITZEL
Fräulein Myriam!

MUSIKER *auf der Bühne. Vorn auf der Bühne* AMÖBIUS *in Aktion.*

AMÖBIUS
. . . Die Schalterabteilung grüßt die Kreditabteilung mit einem närrischen Hellau. *(Tusch)* Die Bankenabteilung grüßt die Abteilung Leben, speziell ihren Häuptling Dr. Kern. *(Tusch)*

DR. KERN *steht auf, dünner Applaus. Nochmals Tusch.*

AMÖBIUS
Der Kegelclub der EDV schickt an den FC Kasko ein dreifaches Hipphipp Hurra, Hipphipp Hurra, Hipphipp Hurra usw. . . .

MECHOFF, *im Nebenraum der Bühne, schwingt schon eine Damenunterhose, mit der er gleich auf die Bühne eilen wird.*

ENTERTAINER
Vom Ablauf her wär ich jetzt eigentlich dran.

MECHOFF
Ach halten Sie die Klappe, alles der Reihe nach.
(springt auf die Bühne)
Dr. Amöbius, gestatten Sie, daß ich Sie unterbreche:

AMÖBIUS
Bitte Herr Mechoff.

MECHOFF
Die Dame, die dieses Requisit verloren hat, möchte sich doch bitte bei Herrn Dr. Berzelmeier melden. *(Tusch)*

Riesengelächter. MECHOFF *schwenkt einen großen Damenschlüpfer. Brüllendes Gelächter.* WONDRAZIL *eilt auf die Bühne, schiebt* MECHOFF *beiseite.*

WONDRAZIL
Entschuldigns bittschön, meine Damen und Herren, eine kurze Zwischendurchsage: Der Fahrer des roten VW Jetta mit dem amtlichen Kennzeichen . . .

Man hört WONDRAZILS *Ansage weiter:*

WONDRAZIL (OFF)
M–XH 2307 möchte doch bitte sein Auto sofort wegfahren, er versperrt die Feuerwehreinfahrt. Ich wiederhole: Der Fahrer des roten VW Jetta . . .

HITZEL
Fräulein Myriam, Fräulein Myriam!

Eine FRAU *geht wieder ins Klo.*

JESSIKE
Um Gottswilln, Kinders, da, schon wieder dieser Tropf von heute nachmittag.

V. MEHLING
Wo? Schnell wegschaun.

Alle schauen nach WEITEL, *der im Hintergrund suchend herumsinnlost.*

DEUTELMOSER
I glaub, der geht wieder . . .

V. MEHLING
Gottseidank, dieses Arschloch hätte grade noch gefehlt.

JESSIKE
Vorsicht! Deckung.

BEMMERL
Au weh, jetzt hat er euch derwischt, jetzt kimmts nimmer aus. Er kimmt scho.

V. MEHLING
Scheiße. Ja unser lieber Herr Weitel, so eine Überraschung! Schön, daß Sie hier sind. Na hat sich was aufgetan für Sie?

WEITEL
Naa.

V. MEHLING
Aber immer auf der Lauer bleiben.

WEITEL
Ah, ists gestattet?

V. MEHLING
Aber sicher doch, gerne. Nehmen Sie doch Platz, Herr Weitel.

WEITEL
Danke, hahahaha. So trifft man sich wieder, hahahaha.

WAGUSCHEIT
Ja, so trifft man sich wieder, genau.

Eine peinliche Pause, dann WEITEL.

WEITEL
Herr v. Mehling, ein Grund warum ich nicht zuletzt auch hierhergekommen bin, des is . . .

V. MEHLING
Ja?

WEITEL
Sie warn doch neulich bei mir.

V. MEHLING
Richtig, richtig, Herr Weitel, und?

WEITEL

Wissen Sie . . . und ich hab halt gemeint wegen der Sturm und Wasser, verstehn Sie, weil ich wohn ja in am Mietshaus . . .

V. MEHLING

Ja, ja, ich verstehe, aber das war ja der Grund, warum wir sie gemacht haben, Herr Weitel. Genau das war der Grund, oder?

WEITEL

Ah ja, genau. Aber ich habs mir dann hinterher zusammengerechnet . . . und des is halt doch allerhand . . . ich mein, wenn mans also zusammenrechnet.

V. MEHLING

Tja, also Herr Weitel, das sollte man nicht machen. Wenn Sie immer nur alles zusammenrechnen, rentiert sich das ganze Leben nicht mehr, nicht wahr. *(Lacht)*

WEITEL

Ja, hahaha.

V. MEHLING

Schaun Sie, es ist zwar hier nicht der . . .

Während dieses Gesprächs fotografiert SCHWEIN *die* MAUS, *die* MAUS *fotografiert das* SCHWEIN *am Nebentisch, dann gehen die beiden.*

V. MEHLING

. . . rechte Ort, nicht wahr, aber . . . also gut. Herr Weitel, ich habe Ihnen nach bestem Wissen und Gewissen ein Sicherheitspaket offeriert mit der optimalen Kombination von Steuervorteilen, Sicherheit, Vermögensbildung sowie . . . äh . . . äh . . . es ist alles abgecheckt nach neuesten versicherungsmathematischen Aspekten.

WEITEL
Ja, aber ich muß es ja dann zahlen schließlich.

V. MEHLING
Richtig, Herr Weitel, genau richtig. Drum sag ich ja immer: vorbeugen, also versichern, ist besser als hinterher zahlen.

WEITEL
Ah so meinen Sie des.

V. MEHLING
Genau. So mein ich das, Herr Weitel.

WEITEL
Ah, Herr v. Mehling, apropos . . .

V. MEHLING
Ja?

WEITEL
Ich hab schon an Schadensfall.

V. MEHLING
So?

WEITEL
Grad vorhin bin ich mit am Ober zammgrennt, des hat 50 Mark kost'.

V. MEHLING
50 Mark, wie das?

WEITEL
Ja es warn an Haufen Gläser kaputt.

V. MEHLING
Sehen Sie, Herr Weitel, dafür haben Sie jetzt Ihre Haftpflicht . . . Aber zur Schadensabwicklung müßte das natürlich genauer . . . äh . . . Wie ist denn das passiert?

WEITEL
Ja mir san zammgstoßen.

V. MEHLING
Ja sind Sie dem Ober reingerannt oder der Ober Ihnen?

WEITEL
Ja eigentlich mehr der Ober mir.

V. MEHLING
Dann sind Sie aus dem Schneider, Herr Weitel, dann ist das eindeutig die Angelegenheit von dem Ober, da haben Sie aber Glück gehabt.

WEITEL
Ich hab aber scho die 50 Mark zahlt.

V. MEHLING
Ja, das hätten Sie nicht tun sollen, das ist ein einseitiges Schuldeingeständnis. Da ist nichts mehr zu machen.

WEITEL
Ah geh, nix?

V. MEHLING
Nein, leider gar nichts.

Heinz BÖHM *kommt an den Tisch.*

BÖHM
Servus beinand. Ists gestattet?

BEMMERL
Jetzt wirds guat, der Böhm kimmt.

WEITEL
Ja aber Herr v. Mehling, wegen dieser Sturm und Wasser . . . und auch die andern Versicherungen . . .

V. MEHLING

Äh, könnten wir das vielleicht später, Herr Weitel. Jetzt passen Sie auf, das ist Herr Böhm, ne echte Stimmungskanone.

BÖHM

Also was is, wenn a Ostfriese nach Österreich auswandert?

WEITEL

Aber Herr v. Mehling . . .

V. MEHLING

Pssst.

ENTERTAINER *(am Mikrofon)*
. . . Dann haben die Ostfriesen einen Deppen weniger und die Österreicher haben einen Ingenieur mehr.

Brüllendes Gelächter. Tusch.

Und was sind drei Österreicher hintereinander?

HEINZEL
An Flaschenzug. Prost.

Alle lachen.

JEANETTE
Ja Prost.

HEINZEL
Prösterchen, Prostata . . . Sag mal Kindchen, wie heißtn du eigentlich?

JEANETTE
I hoaß Jeanette.

V. RÜDEN
Apropos . . . kennen Sie den schon, neuer Witz: Kommt so ein Bauarbeiter am Bau zu seinem Chef mit nem . . . äh . . . mit ner . . .

MATTUSEK
Schubkarre.

V. RÜDEN
Ja richtig, mit ner Schubkarre. Danke . . . kommt er zu seinem Chef und sagt: Chef, die Schubkarre macht permanent quiekquiekquiek . . .

MATTUSEK
Erst langsam, Herr v. Rüden.

V. RÜDEN
Ach ja richtig, langsam. Er macht immer quiek – quiek . . .

BERZELMEIER
Das isn Klasse-Witz.

V. RÜDEN

Nicht wahr, das ist einer von den ganz guten, die ich in letzter Zeit gehört habe.

ROSIE

Ja, der is gut. Kriegst noch was?

Die Belegschaft lacht gerade.

BÖHM
Oder kennts den mit de Schwule?

WAGUSCHEIT
Naa, den kemma scho.

BÖHM
Schad . . . ja . . . ah . . . Geht ganz schö zua heut.

BÖHM *schüttet in Bemmerls Maßkrug Schnaps aus Bemmerls Flachmann. Alle andern kichern dazu.*

BÖHM
Oder kennts den Witz mit dem Nilpferd. Kimmt a Mann mit ara Hasenscharte zum Tierpräparator und sagt: Grüß Gott, i hätt gern a Nilpferd.

BÖHM *versucht von nun an seinen Nilpferd-Witz an den Mann zu bringen, aber es kommt keine rechte Aufmerksamkeit auf.*

JESSIKE
Apropos, ist Dr. Berzelmeier da?

DEUTELMOSER
Ja, es hat gheißen er is gesehn worden, an der Bar.

WAGUSCHEIT
So, an der Bar.

WEITEL
Aber Herr v. Mehling, ich bin ja an und für sich hauptsächlich bloß herkommen wegen dieser Sturm- und Wasserversicherung.

V. MEHLING
Psst, passen Sie mal auf.

V. MEHLING *schüttet in Bemmerls Maßkrug noch mehr Schnaps und Cola, hält ihn* BEMMERL *hin.*

V. MEHLING
Prost Bemmerl.

BEMMERL
Ja Prost.

V. MEHLING
Ja wer wird denn schlapp machen? Trinken Sie!

DEUTELMOSER
He Bemmerl!

JESSIKE
Herr Bemmerl!

V. MEHLING
Ein Cocktail für Herrn Bemmerl.

V. MEHLING *schüttet Senf, Salz und Pfeffer in Bemmerls Maßkrug.*
DEUTELMOSER *reicht noch einen vollen Aschenbecher.*

DEUTELMOSER
Da, des aa noch.

V. MEHLING
Etwas Stammwürze.

JESSIKE
Cheerio.

DEUTELMOSER *hebt* BEMMERL *hoch, der schon auf dem Tisch zusammengesackt ist,* V. MEHLING *gibt ihm den Maßkrug wieder und prostet ihm zu.*

V. MEHLING
Prost Bemmerl, wohl bekomms!

BEMMERL *trinkt, hustet, fällt wieder auf den Tisch. Alle brüllen vor Lachen. Der* KELLNER *kommt gerade mit einer neuen Flasche Sekt,* V. MEHLING *nimmt ihm die Flasche sofort ab, schüttelt sie, der Korken knallt, und* V. MEHLING *sprüht den Sekt über* BEMMERL.

V. MEHLING
Immer durstig, unser Herr Bemmerl.

Große allgemeine Heiterkeit.

Der ENTERTAINER *sprüht gerade mit einer riesigen Sekt-Magnum-Flasche ins Publikum und trifft Herrn* RÖSNER, *der unwillig auf das Sektbad reagiert. Der Saal brüllt vor Lachen.*

Am Eingang beobachten SCHWANTALER, MIKE, SEPP *und Herr* FRIEDEL *Herrn* RÖSNER, *der sich verärgert sein nasses Sakko auszieht.*

SCHWANTALER
I glaub, jetzt wird der Kerl aa no aufsässig.

MIKE
Also jetzt glangts.

SCHWANTALER
Sense. Auf gehts.

Die drei setzen sich in Bewegung. Dazu:

ENTERTAINER
Und nun, meine Damen und Herren, wo wir alle so bombig in Stimmung sind, machen wir mal alles anders herum, es ist Damenwahl. Nur Mut, meine Damen, holen Sie sich den Herrn Ihrer Wahl. Damenwahl!

632er-Belegschaftstisch.
BÖHM *kaut noch an seinem Nilpferd-Witz. Man hört die Damenwahlansage.*

WEITEL *(etwas verärgert)*
Aber Herr v. Mehling, ich müßt trotzdem noch mal auf des zurückkommen mit dieser Sturm und Wasser, weil finanziell bin ich ja auch kein Krösus.

JESSIKE
Arno, darf ich bitten.

V. MEHLING
Aber mit Vergnügen. Sie habens gehört, Herr Weitel, Damenwahl. Sie entschuldigen mich, Herr Weitel.

WEITEL *(resigniert)*
Ja, ja, vui Spaß.

JESSIKE *und* V. MEHLING *gehen zum Tanzen.* WAGUSCHEIT *steht auf.*

WAGUSCHEIT
Ah, Herr Deutelmoser, ich muß dann jetzt eh glei gehn . . .

DEUTELMOSER
Is scho recht.

WAGUSCHEIT
Sie wissen ja, wegen meiner Mutter . . .

DEUTELMOSER
Ja ja.

WAGUSCHEIT
Und mir ham ja eigentlich no nia tanzt miteinand . . .

DEUTELMOSER
Des macht nix.

WAGUSCHEIT
Also, wenn ich bitten darf . . .

DEUTELMOSER *(verlegen)*
Ah, sans ma net bös, Frau Waguscheit, aber i bin ja scho um siebene aus'm Haus, i hab ja scho an Zeugen machen müssen, i brauch jetzt erst amal a Unterlag auf den Schrecken, verstehngas scho.

WAGUSCHEIT
Aso, wega dem Unfall, des versteh ich.

WAGUSCHEIT, *den Tränen nahe, steht auf und rennt eilig aufs Klo. Aus der Toilette kommt gerade Fräulein* MYRIAM.

WAGUSCHEIT *rennt an den Spiegel, heult, nimmt ein Taschentuch, richtet ihr Make-up usw., betrachtet sich im Spiegel, zieht dann den verhaßten Spanierinnenrock aus. Durch die etwas geöffnete Tür hört sie noch Deutelmoser, der Myriam auffordert.*

STIMME DEUTELMOSER (OFF)
Na wie wärs Schatzi, do you like dancing, I'm a Wolpertinger and what are you?

STIMME MYRIAM (OFF)
Also gehn Se her, tanzen wir.

STIMME DEUTELMOSER (OFF)
Ich hoaß Winfried und du?

STIMME MYRIAM (OFF)
Myriam.

STIMME DEUTELMOSER (OFF)
Myriam, a schöner Name . . .

BÖHM *labert an* WEITEL *mit dem Nilpferd-Witz hin.*

BÖHM
. . . sagt der Kunde zum Präparator: Ich hätte gern ein Nilpferd.

WAGUSCHEIT *kommt aus dem Klo.*

WEITEL
Ah geh, a Nilpferd, des is gut, aber Sie entschuldigens mich an Augenblick.

Geht zu WAGUSCHEIT.

WEITEL
Ah Frau Waguscheit, weil ma scho grad da san, ham Sie net vielleicht Lust vorm Heimgehn . . . vielleicht noch a bissl danzn?

WAGUSCHEIT *schaut auf die Uhr.*

WAGUSCHEIT
Ja, mei, es is . . . ja, gengas her.

BÖHM, *plötzlich mit dem besoffenen* BEMMERL *alleine.*

BÖHM
Ah hallo! Ah solche faden Hund.

Geht beleidigt. Im Hintergrund sieht man WANDREY *mit den Würsten kommen.*

WEITEL *und* WAGUSCHEIT *gehen zur Tanzfläche, vorbei an* DEUTELMOSER *und* MYRIAM *und Herrn* HITZEL, *der gerade auf* MYRIAM *einredet.*

DEUTELMOSER *(zu Herrn Hitzel)*
Kimm, schleich di!

WEITEL
Ah, wo danz man?

WAGUSCHEIT
Vielleicht mehr am Rand, in der Mitten werd ma ja zerdruckt.

Die beiden beginnen zu tanzen.

WEITEL
Wenn Sie net gwesen wärn, wär ich heut net da herin.

WAGUSCHEIT
So! Wo wärns denn dann? Auf am andern Ball?

WEITEL
Naa.

WAGUSCHEIT
Geht auch immer ganz schön zu, auf so Bälle.

WEITEL
Ja, geht ganz schön zu.

WAGUSCHEIT
Also ich, an Ihrer Stelle, würd mir vom Mehling nix gefallen lassen.

WEITEL

Na na, keine Angst, der werd mi noch kennelernen, da kenn i gar nix.

Im Hintergrund ist eine Turbulenz. Die ORDNER *prügeln* RÖSNER *durch die tanzende Menge. Die* TANZENDEN *bilden immer am Prügelschauplatz eine Gasse und lassen die* ORDNER *passieren.*

WEITEL

Obacht! Passens auf.

WAGUSCHEIT

Um Gottswilln!

WEITEL *legt beschützend seinen Arm um* WAGUSCHEIT. *Die* ORDNER *prügeln* RÖSNER *vorbei.*

ORDNER

So, jetzt gehn ma hoam.

RÖSNER

He, was soll das? Was wollen Sie?

SCHWANTALER

Des woaßt du am besten.

ORDNER

Naus, du Saukerl.

RÖSNER

He, was is denn?

SEPP

Hauts an naus, den Hammel.

Die ORDNER *prügeln auf* RÖSNER *ein und treten ihn mit Füßen. Die* BALLGÄSTE *schauen zu.*

WAGUSCHEIT

Was hat denn der gmacht?

WEITEL
I woaß net, des werd der scho selber wissen.

WAGUSCHEIT
Naja, Gestalten gibts heutzutag.

WEITEL
Herrschaft, jetzt isser fort.

WAGUSCHEIT
Wer?

WEITEL
Der Mehling. I hoab an allweil noch beobachtet, aber jetzt wo die Schlägerei war, is er auf einmal weg.

WAGUSCHEIT
Den find ma scho wieder.

WEITEL
Moanens?

An der Garderobe ist wenig los. HUMPEL *und* DEMMLER *unterhalten sich, die* ORDNER *prügeln Herrn* RÖSNER *an der Garderobe vorbei.*

DEMMLER
An ganzen Brustkorb hams eahm geöffnet, und hams so a Herzklappe hams eingesetzt, na isser eahna unter der Hand trotzdem wegstorbn an Nierenversagen, obwohl er unter Sauerstoff war.

HUMPEL
Hams wieder oan derwischt.

DEMMLER
Heuer warns eh net vui . . .

Dazu:

SCHWANTALER
Naus du Sauhund! So Brüder wie dich kemma!

RÖSNER
He, Polizei! Was is denn!?

WONDRAZIL *(kommt dazugerannt)*
Dir hol ma glei a Polizei wennst nomal da herkimmst, du Drecksau, verreckte.

SEPP *und* MIKE *schmeißen* RÖSNER *vollends hinaus.*

WONDRAZIL *(zu Schwantaler)*
Schwantaler, was hat denn der eigentlich gmacht?

SCHWANTALER
Mei, der war kurz vorm Randaliern.

WONDRAZIL
Nächstes Mal, wenns oan außi schmeißts, schaugts, daß er vorher zahlt.

WEITEL *und* WAGUSCHEIT *tanzen, beide etwas unbeholfen.*

WEITEL
Ich heiß Ferdinand und du?

WAGUSCHEIT
Annerose.

WEITEL
Annerose, ein schöner Name.

WAGUSCHEIT
Die meisten sagen Rosi zu mir.

WEITEL
Zu mir sagns Ferdl.

WAGUSCHEIT
Wie?

WEITEL
Ferdl! – Die meisten! Was is, setzen mir uns an an Tisch?

WAGUSCHEIT
Wenns moana.

WEITEL
I hob gmoant mir san per du.

Beide lachen.

WANDREY *stellt die Würste ab und die Brezn.*

WANDREY
Wo san denn die andern?

BEMMERL *(in einem letzten hellen Augenblick)*
Hock di hi. Die Pharaonen, die ham auch schon Kriege geführt, des woaß man heute.

WANDREY
Aber die Würscht, die wern ja kalt.

BEMMERL
Und wer net pariert hat, der is in Stoabruch kemma. Haken neischlagn, a gscheiter Fußtritt, Stoane schleppen, da pfeift eahna jede Ideologie zum Arschloch naus.

WANDREY
Herrschaft, jetzt sans scho richtig lauwarm, die Würscht.

BEMMERL
Des war die Vereinigung von Unter- und Oberägypten, ganz einfach . . .

WANDREY
Die solln sich ihre Würscht in Zukunft selber holn.

BEMMERL *sackt wieder zusammen.*

WANDREY
Scheiße.

WEITEL *kommt mit* WAGUSCHEIT.

WEITEL

Wennst amal irgendwas brauchst, Rosi, an Elektroartikel: Staubsauger, Bügeleisen, Nähmaschine oder so, dann kommst zu mir, weil a Bekannter von meim Vetter, der arbeitet in am Elektro-Discount, also 20 % kann ich dir mindestens beschaffen, also 10 % ist es mindeste.

WAGUSCHEIT

Ah so, ja schön, also ich könnt jetzt die Tomate extra auch in der Früh essen, aber ich eß sie immer am Abend, weil da hab ich immer am meisten Appetit.

WANDREY

He was issn, Frau Waguscheit, Ihre Würscht, die wern ja kalt.

WAGUSCHEIT

Ja, Herr Wandrey, a Moment.

WEITEL *(zu Wandrey und Bemmerl)*

War der Herr v. Mehling inzwischen wieder da?

WAGUSCHEIT *(will sich bereits hinsetzen)*

Obwohl, Ferdinand, was meinst, geh ma an die Bar, da is mehr los.

WEITEL

Ja, wenn d' meinst, o.k. des machma, geh ma an die Bar.

WANDREY

Ja aber eahna Würscht.

WAGUSCHEIT

Später vielleicht, Herr Wandrey.

WEITEL

Die wern scho gessen.

WEITEL *und* WAGUSCHEIT *gehen weiter an die Bar.* WEITEL *umarmt* WAGUSCHEIT.

WANDREY *(zu Bemmerl)*
Des san vielleicht Arschlöcher. Da, die Würscht wern ja ganz kalt.

Statt einer Antwort kippt BEMMERL *vom Stuhl und sackt zu Boden. Ein spitzer Schrei von Frau* GIERL.

HEINZEL *labert an die Barfrau* NADINE *hin.*

HEINZEL
... Bei uns macht ein Schubkarrn immer quiekquiekquiekquiekquiek, hahahaha ... Klasse ...

NADINE *lacht gequält.*

V. RÜDEN
Äh, Fräun Mattusek, äh ... erinnern Sie mich dran, morgen wird als erstes gekündigt.

MATTUSEK
Ich habs notiert, Herr v. Rüden ... äh ... was anders, äh ... brauchen Sie mich noch?

HEINZEL
Kommt ganz drauf an wozu.

V. RÜDEN
Nö, schon gut ... äh ... Sie können dann ... Gehn Sie mal.

WEITEL *und* WAGUSCHEIT *kommen an die Bar.*

WEITEL
Also ich find des müß ma jetzt begießn, Rosi, daß wir uns da herin kennengelernt ham ... An Pikkolo, bitte.

NADINE
Brauchma vielleicht zwei Strohhalm dazu?

Die Chefs lachen.

WEITEL
Naa, zwei Gläser.

WAGUSCHEIT *erkennt Berzelmeier.*

WAGUSCHEIT
Komm Ferdinand, gehma wieder.

WEITEL
Naa, glei, jetzt hob i scho bestellt.

WAGUSCHEIT
Aber was willstn da herin?

WEITEL
Jetzt wird gefeiert.

WONDRAZIL *geht auf* WEITEL *zu.*

WONDRAZIL
Sie entschuldigns, Herr Dr. Berzelmeier, des mit dene 50 Mark vorhin, des war mehr a peinliches Mißverständnis.

WEITEL
Gell, und i hob Sie noch gfragt, ob Sie sich da net verrechnet ham.

WAGUSCHEIT *(dringlich)*
Ferdinand!

BERZELMEIER
Ja ist gut, geben Sie mal, Schwamm drüber.

BERZELMEIER *schnappt die 50 Mark,* WEITEL *und* WONDRAZIL *sind erstaunt.*

WEITEL
He Sie?

WONDRAZIL
He Sie, was soll des?

WAGUSCHEIT *zieht* WEITEL *eilig aus derBar.*

WAGUSCHEIT
Kimm, schnell!

WEITEL
Was, uiuiui . . .

BERZELMEIER *steckt die 50 Mark der Bardame* USCHI *in den Ausschnitt.*

BERZELMEIER
Hier, kauf dir was, Kindchen.

WONDRAZIL
Also Sie, was erlauben Sie sich?

BERZELMEIER
Tja, von meiner Seite, würde ich sagen: Schwamm drüber, vergessen wir die Sache am Eingang.

WONDRAZIL
Ja, aber Sie san guat! Wie kammaten Sie da her?

HEINZEL
Wenn Ihnen das vielleicht weiterhilft, Meister, also es handelt sich bei diesem Herrn hier um Doktor Berzelmeier persönlich, Personalchef im Vorstand der Bayern-Assekuranz.

WONDRAZIL
Ah so is des . . . Ja und wer war nachher der . . .

BERZELMEIER
Also wie gesagt, von meiner Seite betrachte ich den peinlichen Vorfall als erledigt.

WONDRAZIL *sieht sich nach* WEITEL *um.*

WONDRAZIL
Ah so is des. Ja, dann . . .

WONDRAZIL *nimmt die 50 Mark der Bardame* USCHI *wieder aus dem Ausschnitt.*

USCHI
Hee!

WANDREY, *der* WEITEL *und* WAGUSCHEIT *in die Bar nachgelaufen ist, sieht sich um, versteht gar nichts mehr.*

WEITEL *und* WAGUSCHEIT *kommen.* BEMMERL *wird gerade aufgebahrt und abtransportiert.*

WAGUSCHEIT
Des war doch grad der echte Berzelmeier, mein Gott!

WEITEL
Da ham mir aber Glück ghabt.

WAGUSCHEIT
Jesses, der Bemmerl.

WEITEL
Naja, da isser ja in guten Händen, aber an Mehling, den brauch ich jetzt endlich.

WAGUSCHEIT
Ah laß doch den Mehling, der is doch morgen wieder in seinem Büro.

WEITEL
Na muß i morgen wieder Urlaub nehmen, na, deswegn bin i herkommen, der soll mi kennenlernen.

WAGUSCHEIT
Also, wennst moanst, na such' man.

Beide rennen los, DEUTELMOSER *und* V. MEHLING *kommen vom Klo.*

V. MEHLING
Tja, hier ist auch nicht mehr viel los, ich würde sagen, jetzt gehen wir an die Bar.

DEUTELMOSER *sieht* BEMMERL *nach, der gerade weggetragen wird.*

DEUTELMOSER
Des is doch jeds Jahr desselbe mit dem alten Deppen. Auf gehts, gehma.

Die beiden gehen in Richtung Bar, JESSIKE *kommt aus der Toilette, schaut sich um, sieht sie noch, ruft:*

JESSIKE
Arno! Arno, wartet!

Rennt ihnen nach.

HEINZEL *(zu Wandrey)*
Junger Mann, suchen Sie was Bestimmtes?

WANDREY
Nein nein . . .

HEINZEL
Na was sagen Sie zu diesen Brüsten?

HEINZEL *knutscht an* NADINES *Busen herum.*

HEINZEL
Geben Sie ein Urteil ab.

WANDREY
I woaß net.

HEINZEL
Ja dann bilden Sie sich ein Urteil, hier, langen Sie mal hin.

WANDREY
Aber Herr Professor Heinzel . . .

HEINZEL
Greifen Sie zu. Ich verantworte es. *(zu den anderen)* Er soll ihr an die Brust langen. Was meinen Sie, Herr v. Rüden?

V. RÜDEN
Ja los, er soll mal melken.

BERZELMEIER
Sie habens gehört, das ist quasi ein Befehl.

V. MEHLING, DEUTELMOSER, JESSIKE *kommen an die Bar und beobachten das ›Schauspiel‹.*

V. RÜDEN
Nun mal ran an den Speck, junger Mann.

HEINZEL
Oder sind Sie zu feige? Oder vom anderen Ufer? Hahahaha . . .

WANDREY *greift* NADINE *an die Brust,* NADINE *haut* WANDREY *eine saftige Ohrfeige runter.*

HEINZEL
Na was spricht der Fachmann?

WANDREY
Aua! Hee!

NADINE
Finger weg, du Saubär!

HEINZEL
Nichts für ungut. Junger Mann, hier trinken Sie mal, bedienen Sie sich.

HEINZEL *greift* NADINE *wieder an den Busen.*

NADINE
Dad er mir da an Busen hinglanga . . .

HEINZEL *(zu Nadine)*
Schau ihn dir an, den Sittlichkeitsverbrecher.

WEITEL *und* WAGUSCHEIT *kommen wieder.*

WEITEL
Hastn irgendwo gesehn?

WAGUSCHEIT
Naa, nix.

WEITEL
Der is wie vom Erdboden verschwunden.

WAGUSCHEIT
Vielleicht isser scho hoam.

WEITEL *(zu Gierl)*
Sie, Frau . . . äh . . . War der Herr in dem Admiralskostüm inzwischen wieder da?

GIERL
Ja, die san grad nunter an die Bar.

WEITEL
Dankschön. Also kimm, Rosi, an der Bar isser, geh ma nunter.

WAGUSCHEIT
Du spinnst doch, da is doch der Berzelmeier drunten, und der Geschäftsführer.

WEITEL
Des is mir wurscht, jetzt hob ichs satt.

WAGUSCHEIT
Wart ma halt da heroben, der kimmt doch von alloa wieder rauf.

WEITEL
Na, jetzt geh i nunter, mir san doch erwachsene Menschen. Kimm!

HEINZEL *(zu Wandrey)*
Sagen Sie mal, junger Mann, ich kenn Sie doch irgendwoher, irgendwie kommen Sie mir bekannt vor.

WANDREY
Ich bin auch bei der Bavaria-Assekuranz.

V. RÜDEN
Na wo denn, wo?

WANDREY
Ich bin im 6. Stock, Bankenbetreuung . . .

HEINZEL
Im 6. Stock, nicht möglich, hahahaha . . .

Allgemeines Gelächter.
WEITEL *und* WAGUSCHEIT *kommen an die Bar.* NADINE *schüttet gerade ein volles Glas Sekt* WANDREY *ins Gesicht.* WANDREY *weicht aus.*

NADINE
Komm hau ab, Kloaner!

Der Sekt trifft voll auf WAGUSCHEITS *Kleid.*

WAGUSCHEIT
Hee!

WEITEL
Sie, was fallt Eahna überhaupt ein, die Dame so vollschütten, des is eine Dame.

Der Vorstand lacht.

HEINZEL
Augenblick mal, junger Mann. Nehmen Sie mal den Mund nicht so voll.

BERZELMEIER
Auf meinen Namen hier reinkommen und dann große Töne sprechen . . .

HEINZEL
Es könnte sein, daß sich das auf Ihre Karriere auswirkt.

Allgemeines Gelächter. V. MEHLING *will sich aus der Bar davonschleichen,* WEITEL *besetzt den Ausgang.*

WEITEL
I bin von koaner Versicherung . . . und sowas is a Sauerei, sowas macht ma net mit ara Dame. Na, Herr v. Mehling, jetzt kemmase mer nimmer aus.

V. MEHLING
Was soll der Unfug, hier an der Bar?

WEITEL
Des is mir wurscht, jetzt reden mir.

V. MEHLING
Aber . . . vor versammeltem Vorstand.

WEITEL
Des is mir grad recht. Die Herrn solln des grad mitkriegn, was des für an Betrug is mit dene Versicherungen.

WAGUSCHEIT
Geh Ferdinand.

Die Chefs lachen amüsiert.

V. RÜDEN
Ein Gratis-Schauspiel.

HEINZEL
Der Mann ist gut.

JEANETTE
Der Hasi draht auf.

Die Chefs lachen wieder.

V. RÜDEN
Psst . . . laßt mal weiter.

WEITEL
Des ghört einmal ganz deutlich gesagt, daß des an Riesenbeschiß is, mit denen Versicherungen . . . und Sie, Herr v. Mehling, Sie wollten mich bescheißen.

V. RÜDEN
Der Mann hat recht.

Alle lachen.

WEITEL
Dad er mir da a Sturm und Wasser einredn, obwohl i gar koa Mietshaus hab, sondern in am Mietshaus wohn.

HEINZEL
Tja, das ist ja interessant, Herr v. Mehling. Äußern Sie sich doch mal zu diesen Anschuldigungen.

V. MEHLING
Ach das ist doch alles Quatsch, der Mann spinnt doch für mich.

WEITEL
Naa, des is kein Schmarrn, 7 Versicherungen hat er mir aufbrummt.

Allgemeines Gelächter.

V. RÜDEN
7 Versicherungen!

HEINZEL *(imitiert einen Tusch)*
Tata Tata Tata!

WEITEL
Ja, 7 Versicherungen, eine sinnloser wie die andere!

V. MEHLING *(zu den Chefs)*
Glauben Sie mir, ich wollte sowieso in den nächsten Tagen diese Angelegenheit ins Reine bringen, Ehrenwort.

WAGUSCHEIT
Na, des stimmt net, Herr v. Mehling, weil Sie ham mir gsagt, i soll eahm ja net zu Ihnen lassen, i soll eahm weiterschicken, ham Sie gsagt.

V. MEHLING
So habe ich das nicht gesagt, Frau Waguscheit.

V. RÜDEN
Also was stimmt nun?

HEINZEL
Ist doch egal, jedenfalls bringen Sie das in Ordnung . . . äh . . . Herr . . . äh . . . aber beeilen Sie sich gefälligst damit, sonst schaffen Sie's nicht mehr, Ihre Abteilung wird nämlich aufgelöst. *(lacht schallend)*

V. RÜDEN *(leise)*
Also bitte. Professor!

HEINZEL
Ist doch egal, morgen oder übermorgen hätten sie's eh erfahrn.

BERZELMEIER
Tja, bei uns werden nicht nur Nutten gevögelt, oder so ähnlich sagten Sie doch, nicht wahr, bei uns werden auch Entscheidungen getroffen.

WAGUSCHEIT
Des gibts doch garnet.

HEINZEL
Doch. Sie haben richtig gehört, gnä' Frau, der ganze 6. Stock wird aufgelöst.

HEINZEL *(zur Barfrau)*
Wegen chronischem Leistungsmangel.

BERZELMEIER
Ja, wegen chronischem Leistungsmangel.

BERZELMEIER *(zu Uschi)*
Tja, schade Kindchen, es wär so schön gewesen, aber tut mir leid, mein Flieger wartet. Also dann, meine Herren, amüsieren Sie sich noch.

Er steht auf und geht eilig.
V. MEHLING *wird blaß und fingert nach seinen Herztabletten.*

HEINZEL *(zu Jeanette)*
Guck sie dir mal an, Kindchen. Da: Gekündigt! *(auf Deutelmoser)* Gekündigt! *(zeigt auf Jessike)* Gekündigt! *(zeigt auf Waguscheit)* Ebenfalls gekündigt! *(zeigt auf v. Mehling, der zusammenbricht)* Gekündigt! *(zeigt auf Wandrey)*

V. RÜDEN
. . . wegen chronischem Leistungsmangel.

HEINZEL *(zu Nadine)*
Unser neuer Personalchef ist eben auf Zack.

Der ganze Vorstand lacht.

WANDREY *(zieht Revolver)*
Der Berzelmeier, diese Drecksau!

Er schießt. Plötzlich sind alle ruhig. WANDREY *rennt los.*

WAGUSCHEIT
Herr Wandrey, machens koan Blödsinn!

Läuft WANDREY *nach.*

WEITEL
Rosi wart! Paß doch auf, der is gefährlich.

Läuft WAGUSCHEIT *nach. Man hört noch einen Schuß und*

WANDREY *(schreien)*
Wo ist der Berzelmeier, die Sau, die mach ich fertig!

WEITEL *läuft* WAGUSCHEIT *nach.*

WEITEL
Obacht, Rosi, der schießt! Rosi, paß auf!

WEITEL *hält* WAGUSCHEIT *fest.*

WANDREY
Komm raus, Berzelmeier, du feige Sau!

WANDREY *schießt wieder. Die Kapelle macht gerade den Kehraus-Tusch. Die Ordner gehen alle in Deckung.*

WONDRAZIL
Sepp, haltn auf!

SCHWANTALER
Sepp, he da eahm!

WONDRAZIL
Haltets'n auf, der Mann ist wahnsinnig.

SEPP
Mike!

Der ganze Saal starrt jetzt auf WANDREY. WAGUSCHEIT *und* WEITEL *stehen hinter* WANDREY.

WAGUSCHEIT
Herr Wandrey, hörns doch auf.

WEITEL
Des hat doch koan Sinn.

WANDREY *(schreit)*
Wo ist der Berzelmeier?

Zwischenschnitt: Berzelmeier vor dem Ballsaal, schaut nervös auf seine Uhr und wirft eine Zigarette, kaum angeraucht, weg . . .

WANDREY

Berzelmeier komm raus, du feige Sau! Ich knall dich ab!

WANDREY *schießt, trifft einen Kronleuchter, der Kronleuchter kracht zu Boden. Generalkurzschluß. Einen Moment stockfinster. Allgemeiner Aufschrei. Notbeleuchtung geht an. Lauter verschwitzte Masken starren auf* WANDREY. WANDREY *schießt noch mal, das Magazin ist leer. Die* ORDNER *stürzen sich auf* WANDREY. *Die Menge stürmt sofort los, als wäre überhaupt nichts gewesen, zu den Ausgängen.*

An den Garderoben ist ein entsetzliches Gedränge. WEITEL *und* WAGUSCHEIT *geben sich Mühe einander nicht zu verlieren.*

WAGUSCHEIT
Ferdinand!

WEITEL
Rosi, halt dich fest, gleich hamas geschafft.

Dazu hört man Herrn WONDRAZIL *schreien:*

WONDRAZIL
He, haltet ses auf, deads kassieren! Laßts die Leit net naus! Abkassiern! Na was is denn, Franco, Rosario, Herr Dobler, kassieren! Was seids ihr für Arschlöcher, wo san denn die, des is ja a Katastrophe! Mein Gott, Wahnsinn! Die gehn alle! Kassierts doch! Franco, Herr Dobler, Rosario!

82 Ballsaal/Nebenausgang/ Trambahnhaltestelle — Außen/Nacht

Deutelmosers Auto hängt am Abschlepphaken eines Abschleppunternehmens. DEUTELMOSER *kommt mit* JESSIKE.

JESSIKE *(anhänglich)*
Also, Winfried ich muß jetzt irgendwo nen Schnaps trinken auf den Schrecken, können wir nicht noch zu dir?

DEUTELMOSER
Naa, aber i dad sagn, fahrn mir doch noch irgendwohin, ja he Sie, was machen denn Sie da mit mein Auto?

ABSCHLEPPFAHRER
Schaug amal wo er steht, Feuerwehreinfahrt.

DEUTELMOSER
Aber des is doch mein Auto, tun Ses runter.

ABSCHLEPPFAHRER
Den kannst moign ab neune am Sammelparkplatz in München-Ottobrunn wieder abholen. Also, Servus!

Steigt ein, haut die Tür zu.

DEUTELMOSER
Ja, aber i bin doch jetzt da!

Der Abschleppwagen fährt los.

PFÖRTNER
Da stellt man sich aa net hi.

BERZELMEIER *kommt nervös angerannt, zum* PFÖRTNER:

BERZELMEIER

Sagen Sie mal, guter Mann, ich erwarte dringend meinen Chauffeur, ne silbergraue Mercedes-Limousine.

PFÖRTNER

Ist mir nix bekannt.

BERZELMEIER

Verdammt! Taxi! Hallo, Taxi!

Rennt weiter. Aus dem Lastenaufzug kommen zwei Sanitätspaare, BEMMERL *und* MEHLING, *beide aufgebahrt.* WEITEL *und* WAGUSCHEIT *und der* NOTARZT. WEITEL *versucht Herrn* V. MEHLING *zu sprechen.*

WEITEL

Der hätt mir bloß koa Sturm und Wasser verkaffen müssen. Des is mir jetzt direkt unangenehm.
(zum Sanitäter)
Sie, wie gehts eahm denn jetzt?

SANITÄTER

Der Mann kann froh sein, wenn er durchkommt.

Schnappt Sauerstoffgerät und drückt es V. MEHLING *ins Gesicht.* WANDREY *wird von der Polizei an den andern vorbei abgeführt.*

WANDREY

Laßts mich los, ihr Schweine! Wo ist der Berzelmeier, die Sau, die knall ich ab! I hoab gsagt: Loslassen!

Die POLIZISTEN *nehmen einen schärferen Griff.*

WANDREY

Au!!

Aus einem kleinen Nebenausgang kommen die Chefs, mit den Bardamen. v. Rüdens Dienstlimousine kommt angefahren. Aus einem Seitenausgang kommen V. RÜDEN, HEINZEL, PÜTZ, *besoffen, mit Miezen im Arm.*

HEINZEL
Ach da sind ja unsre Getreuen, da, äh . . .

V. RÜDEN
Der Schubkarrn macht immer quiek – quiek . . . sagt der . . .

HEINZEL
. . . Schlage vor, wir fahren jetzt alle zu mir aufn kleinen Umtrunk. Die Damen haben doch nichts dagegen einzuwenden . . .

V. RÜDEN
Den Damen wird selbstverständlich nicht gekündigt.

HEINZEL
Wir sind da Gentlemen . . .

Der VORSTAND *steigt in die Dienstwagen. Die Dienstwagen fahren los.*
WEITEL *geht mit* WAGUSCHEIT *zur Trambahnhaltestelle, Arm in Arm.*

WAGUSCHEIT
Ich find' des so gemein, daß ma des grad aufm Ball erfahrn muß. So eine Gemeinheit is des . . .

WEITEL
Naja, nimms net so tragisch, Rosi. Weißt a Cousin von mir, dem hams auch erst gekündigt, der hat sich aber umschulen lassen. Des is alles net so schlimm. Bei uns wird auch schon zum Teil kurzgearbeitet.

WAGUSCHEIT
Des is doch was anders . . . ah . . . wo mußt denn du hin?

WEITEL
I müßt mit der 26er fahrn, aber was ist, fahrn mir noch zu dir?

WAGUSCHEIT
Na, des geht net, mei Mutter.

WEITEL
Oder, was is, hast Lust, kommst noch aufn Sprung bei mir mit vorbei? Mach mas uns gemütlich?

WAGUSCHEIT
Na, des geht net, vielleicht a anders mal, woaßt, wega meiner Mutter.

WEITEL
Ah so, dei Mutter.

WAGUSCHEIT
Aber wir könnten ja a Stück miteinand Trambahn fahrn, ich lad dich zur Trambahn ein.

WEITEL
Mei, des is aber nett, mei dankschön Rosi, dafür darf ich mich aber dann auch amal revanchiern . . .

WEITEL *und* WAGUSCHEIT *sind an der Haltestelle angekommen.* WEITEL, WAGUSCHEIT *und einige* GÄSTE *warten und steigen ein in die Trambahn, die ankommt.*

WEITEL
Wie wärs mit morgen abend, da is a Starkbierfest, Aschermittwoch.

WAGUSCHEIT
Aschermittwoch, des is doch schon heut abend.

BERZELMEIER *saust gerade wieder vorbei.*

BERZELMEIER
Hallo Taxi! Verdammt!

WEITEL
Ah ja, genau, heut abend, da is a Fischessen von unserm Betrieb, da kommens alle, da lernst amal meine Leut kennen, also meine Kollegen . . .

WAGUSCHEIT
Mei, i woaß net, muß i schaugn, je nachdem wies ma nausgeht, des hängt auch von meiner Mutter ab.

WEITEL
Ach, dei Mutter. Da is auch jeds Jahr a Bombenstimmung. Ehrlich.

Die beiden sind in die Trambahn eingestiegen, die Trambahn fährt los.

WEITEL *und* WAGUSCHEIT *setzen sich.* WEITEL *legt seinen Arm wieder um* WAGUSCHEIT.

WAGUSCHEIT
Mei, schau ma halt amal, je nachdem wies mir nausgeht.

WEITEL
Also, ich geb dir amal auf alle Fäll mei Adreß. Hast was zum Schreiben da?

WAGUSCHEIT
Ja, glaub scho, Moment.

WEITEL
Und ich schreib mir dann auch gleich dei Adreß auf, für alle Fälle, da hol ich dich dann ab, morgen.

WAGUSCHEIT
Da, hast an Stift. Ich wohn Wieselweg 3, des is da in Richtung Moosach.

WEITEL
Ah, Richtung Moosach, ja, ich wohn in der Tumblingerstraß.

WAGUSCHEIT
Aber na war des ja gar kein Ferngespräch.

WEITEL
Wieso, was?

WAGUSCHEIT
Wiest gestern im Büro angerufen hast, hast gsagt, a Ferngespräch. A so einer bist du also.

WEITEL
Rosi, du hast mich schon durchschaut.

WEITEL *haucht* WAGUSCHEIT *ein zartes Küßchen auf die Backe.*

WAGUSCHEIT
Aber paß amal auf, Ferdinand, wega die Versicherungen brauchst dir gar nix mehr denken, weil, der Mehling taucht wahrscheinlich so schnell nimmer

auf, und du bist no net in der EDV. Jetzt wo mir gekündigt san is mir eh Wurscht. Ich laß deine Unterlagn einfach verschwinden, und du schmeißt die deinen in Papierkorb.

WEITEL
Mei, Rosi, des is fei riesig, daß ich dich kennengelernt hab. Magst net doch noch a bissl mit zu mir kommen?

WAGUSCHEIT
Na, des is schlecht wega meiner Mutter. Also dann, jetzt muß ich dann umsteigen in Bus. Da is mei Bushaltestelle.

Die Trambahn hält an, WAGUSCHEIT *geht an die Tür.*

WEITEL
Mei schad. Also dann, servus Rosi.

WAGUSCHEIT
Servus Ferdinand.

WEITEL
Ja, servus.

WEITEL *gibt* WAGUSCHEIT *noch ein Küßchen,* WAGUSCHEIT *steigt aus. Die Trambahn macht Bim.* WAGUSCHEIT *springt im letzten Moment, bevor die Tür zugeht, wieder in die Trambahn hinein. Die Trambahn fährt weg.*
Darüber: – Abspanntitel –

Anhang

Aus einem Gespräch mit Gerhard Polt, Gisela Schneeberger und Hanns Christian Müller

Frage: ›Kehraus‹ ist eine Komödie, die das Leben oft mit sehr schwarzem Humor zeichnet. Manchmal kann man schon . . .

MÜLLER: eine Gänsehaut bekommen. Ja, so ist es auch gedacht.

POLT: Man kann es zwar nie vorhersagen, aber ich glaube schon, daß die Leute in ›Kehraus‹ lachen werden.

MÜLLER: Ich glaube, daß sich beide Reaktionen einstellen werden – Betroffenheit und Gelächter. Ich sehe den Film als eine Gratwanderung.

POLT: Nach meiner Erfahrung erwartet das Publikum, wo immer ich auftrete, daß es lachen kann – aber auch, daß es fast makaber wird, daß es bösartig wird. Man kennt uns aus so vielen Fernsehsendungen, ob ›Fast wia im richtigen Leben‹ oder ›Scheibenwischer‹, da ist es klar, daß die Leute nicht nur eine Gaudi erwarten, sondern . . .

MÜLLER: daß es gleichzeitig komisch und böse ist . . .

POLT: daß eine Aussage gemacht wird, die stimmt. Für mich ist es ein gutes Zeichen, daß ich oft selber über uns lachen muß. Wir lachen sowieso gerne.

MÜLLER: Wir versuchen die Menschen mit all ihren Ängsten zu zeigen, aber es ist uns wichtig, daß sie nicht als negative Figuren gezeigt werden. Die Gisela Schneeberger als Sekretärin Annerose Waguscheit ist in ›Kehraus‹ am Ende keine Negativ-Figur. Sie macht eine Entwicklung durch wie Gerhard Polt als Ferdinand Weitel auch. Wenn der Film aus ist, weiß man, daß der sich von keinem Vertreter mehr übers Ohr hauen lassen wird.

POLT: Er, der Weitel, ist derjenige, wo es am meisten menschelt. Die Kollegen im Büro sind zum Teil schon Karikaturen – satirische Karikaturen . . .

MÜLLER: Wobei freilich die Satire schon von der Genauigkeit des Zeigens lebt . . .

POLT: Von der Genauigkeit, aber natürlich auch von der gezielten Überhöhung. Bei manchen Dingen folgt dann aus der Genauigkeit, daß die Überhöhung gar nicht mehr nötig ist. Man glaubt es nicht, aber die Wirklichkeit ist oftmals satirischer als jede Überhöhung.

Frage: Woher nehmen Sie bei Ihrer Arbeit nun diese genaue Detailkenntnis? Etwa die Kenntnis der Zustände in einem Versicherungsbüro, die Verhaltensweisen der Kollegen untereinander?

MÜLLER: Büro ist überall.

POLT: Ich habe fast ein Jahr in der Kantine einer Münchener Versicherung gesessen.

MÜLLER: Mit Bürokratien haben wir beide zu tun gehabt. (Musik!)

Frage: Ein wichtiger Bestandteil des Films ist der Faschingsball . . .

MÜLLER: Ich habe früher jahrelang als Musiker auf Faschingsbällen gespielt . . .

POLT: Betriebsfeste, wie dieser Faschingsball im Film, sind natürlich von Hause aus wahnsinnig. Fasching ist immer der Versuch, in Ekstase zu kommen, sich irgendwie vom Alltag zu lösen. Genau das findet auf diesem Betriebsfasching nicht statt. Da schlägt der Alltag erst recht zu.

MÜLLER: Und die Normalität in Kostüm und Maske ist viel gespenstischer. Wenn die Angestellten Genickschläge im Kostüm erhalten, kommt die Brutalität der Vorgänge viel mehr heraus.

Frage: Wie arbeiten Sie drei denn nun gemeinsam an so einer Geschichte?

MÜLLER: Der Gerhard und ich schreiben halt mal zusammen das Buch, und die Gisela gibt immer ihren Kommentar dazu.

SCHNEEBERGER: Da sie zu Hause schreiben, steck ich immer mal meine Löffel rein und sag: Das ist beschissen oder das ist gut.

POLT: Also jede Geschichte entsteht anders . . .

MÜLLER: Die Gisela ist unser Gewissen. Aber bevor wir etwas aufschreiben, gehen wir sehr, sehr lange spazieren . . .

POLT: und quatschen lang und ratschen lang . . .

MÜLLER: In so einem Notizbücherl schreiben wir schon mal so ein paar Fetzen hin . . .

POLT: Das eigentliche Schreiben ist dann meistens der kürzeste Teil der Arbeit. Für unser neues Theaterstück ›Die Exoten‹ haben wir jahrelang miteinander geredet. Hingeschrieben haben wir es dann in vier Tagen.

Frage: Und die Idee zu ›Kehraus‹ entstand wie?

MÜLLER: Das sind immer mehrere Komponenten . . .

POLT: *Die* Idee alleine gibt es nicht. Es gibt immer mehrere Motive, die zusammenkommen.

MÜLLER: Da ist einmal der Wahnsinn des Fasching. Dann das Betriebsfest, die Kollegen in Kostüm und Maske, dann die Zustände in einem Büro, alles Dinge, die uns eigentlich aber beiden eingefallen und aufgefallen sind.

SCHNEEBERGER: Warst du nicht auch mal auf dem Finanzamt, Gerhard, und da saß jemand mit einer Pappnase?

Frage: Nach Ihren Erfolgen im Fernsehen, wie kam es nun zu dem Kinofilm ›Kehraus‹?

MÜLLER: Im Fernsehen hatten wir immer die Form des Sketches. ›Kehraus‹ ist eine vielschichtigere Geschichte. Im Kino können wir sie in ihrer Komplexität erzählen.

POLT: Wir haben uns nicht gesagt, jetzt machen wir mal die große Form, sondern das ist einfach eine Geschichte, die sich so entwickelt hat. Das große Bild macht diese Geschichte wirkungsvoller. Das Bedrohliche, aber auch das Komische kommt besser heraus im Kino.

Frage: Bleiben wir beim Komischen.

POLT: Unsere Komik entsteht aus authentischen Situationen und wird nicht künstlich hergestellt. Es mag jetzt hochtrabender klingen als es gemeint ist, aber für mich ist ›Kehraus‹ auch ein Zeitdokument.

Frage: Die menschlichen Verhaltensweisen, die Sie in ›Kehraus‹ satirisch aufs Korn nehmen, sind das wirklich nur zeitbedingte Sachen und wie würden Sie das Münchener, das bayerische Element bewerten?

POLT: Im Vergleich zu früher hat sich bei den Menschen natürlich nicht soviel geändert. Wenn ich zum Beispiel Horvath lese oder Thoma – die Gnadenlosigkeit der Menschen, die Rangelei um Positionen . . . im Endeffekt hat sich überhaupt nicht viel geändert.

MÜLLER: Doch, eines. In einer technisch perfekteren Welt wie der unseren kommt noch etwas hinzu. Eben das Anrennen gegen die Technik. Wenn wir zum Beispiel zeigen, wie die Angestellten mit Videokameras abgeschnorchelt werden.

POLT: Aber prinzipiell . . .

SCHNEEBERGER: Die Verhaltensmuster sind geblieben.

Frage: Und das Bayerische?

POLT: Nein, das ist deutsch. Natürlich hat der Film ein süddeutsches Kolorit, aber im Grunde ist das nur die Variante von Verhalten, die man überall antreffen kann – und zwar nicht nur in Deutschland, sondern ich würde meinen als Minimum in ganz Mitteleuropa.

MÜLLER: Dabei ist der Begriff des ›Kollegen‹ sehr wichtig.

POLT: Also das Zusammenleben von Menschen in einem Büro, die einander nicht freiwillig ausgesucht haben, sondern einfach, weil sie einen Job haben, für Jahre miteinander auskommen müssen.

Frage: Wenn ›Kehraus‹ sich mit dem Kollegen-Alltag im Büro befaßt, entstehen zuweilen schon kleine Horrorgemälde. Sehen Sie die Welt eigentlich sehr schwarz?

POLT: Ja also ein großartiges brillantes Leben ist es ja nicht.

Frage: Würden Sie sich, Herr Polt, denn eher als Pessimisten bezeichnen?

POLT: Ich sage immer, wenn schon, dann vital resignieren.

Frage: Nun gibt es in ›Kehraus‹ andererseits ja auch eine sehr positive Liebesgeschichte, zumindest eine angedeutete Liebesgeschichte?

SCHNEEBERGER: Ich finde das Leben auch nicht so negativ. Im Film klammern sich Waguscheit und Weitel aneinander. Das ist nicht schlimm. Was wäre denn die Alternative? Daß jeder Mensch sagt: Ich bin allein, ei, toll; also ich finde, man muß eine Einsamkeit doch zugeben können.

Frage: Verliebt sich denn die Waguscheit in den Weitel?

SCHNEEBERGER: Ich sehe die Beziehung eher zufällig.

POLT: Das ist ja auch der Wahnsinn. So banal die Existenz ist, so banal ist auch das Zusammenkommen zweier Menschen. Nur der Witz ist, zwar ist das Leben auf der einen Seite viel profaner und banaler, als man es wahrhaben will, aber auf der anderen Seite sinkt das Banale deswegen auch nicht so ab. Ich brauche das wirklich nicht zynisch zu betrachten, wenn ich etwas als Normalfall sehe. Ich muß es andererseits auch nicht romantisieren. Ich habe in meinem Leben immer Menschen gesehen, die mit Mängeln behaftet waren – mit körperlichen Mängeln, mit sprachlichen Mängeln, mit irgendwelchen Mängeln. Aber ich habe diese Mängel nie im Vordergrund gesehen, sondern immer die gesamte Persönlichkeit. So ist dieser Mensch, so sieht er aus und so muß er sein, er kann eh nicht anders sein. Die Perversion in der Gesellschaft beginnt für mich erst da, wenn die Menschen an ihrer Normalität zu zweifeln beginnen.

MÜLLER: Jemand setzt sich ein Toupet auf . . .

POLT: Irgend jemand läßt sich liften . . . Also, wenn Menschen an ihrer Normalität zu zweifeln beginnen, sagen, du mußt wie Twiggy ausschauen. Die Menschen reden sich selbst ein, daß sie eigentlich erst unter bestimmten Bedingungen ein normales Mitglied der menschlichen Gesellschaft sind. Zufriedenheit oder bestimmte Empfindungen sind nur noch unter bestimmten Bedingungen möglich. Das ist für mich pervers. Wenn einer sagt ich kann nur noch, ja Entschuldigung, vögeln unter bestimmten, weiß der Teufel was, oder ich kann nicht essen, wenn ich nicht mindestens einen Kaviar habe.

Frage: Ihre Figur, der Weitel, ist so nun aber im Film gerade nicht.

POLT: Das ist eine naive Figur.

MÜLLER: Ja, wir zeigen, daß es auch noch etwas anderes im Leben gibt. Hilfsbereitschaft führen wir vor. Oder, daß Leute selbst in eigentlich unnormalen Bedingungen noch ganz normalen Gefallen aneinander finden können. Daß eben nicht alles kaputt ist.

Frage: Was ist denn nun der Antrieb, so einen Film wie ›Kehraus‹ zu machen, Menschen so zu zeigen?

MÜLLER: Die alte Frage, was bewirkt man, was will man sagen? Ich glaube, daß jede Veränderung von Verhältnissen nie – oder ganz selten – aufgrund eines einzigen Schlüsselerlebnisses geschieht. Es geschieht aufgrund einer Addition von Eindrücken.

POLT: So ein Film ist schon ein Spiegel.

MÜLLER: Also ich glaube nicht, daß man durch einen Film groß etwas verändert. Aber vielleicht läßt sich eine gewisse Sensibilität wiederherstellen, die in den Umständen, in denen wir alle leben, verlorengeht.

POLT: Mir ist wichtig, daß der, der den Film sieht, ein Erlebnis hat. Und mehr kannst du doch nicht kriegen im Leben. Im Grunde kann man jeden Politiker fragen, warum machst du das jetzt und hier? Glaubst du, du veränderst die Menschheit? Du kannst auch künstlerische Ambitionen danach fragen. Welchen Sinn haben sie? Diese Frage ist zwar legitim, aber sehr, sehr gefährlich. Denn, wer realistisch ist, wird antworten müssen, also die Menschheit verändere ich nicht. Doch der Schluß, dann zu sagen, gut, dann laß es doch gleich ganz sein, ist auch falsch, denn vielleicht gefällt es jemandem. Und so glaube ich, daß dieser Film für jemanden persönlich ein Erlebnis sein kann. Ich bin eben unter anderem auch ein Mensch geworden, der das und das gelesen hat, der dieses und jenes gesehen hat. Ich hab' mich gefreut, daß es jemanden wie den von Horvath oder den Thoma gibt, daß ich ihn hab' lesen können.

SCHNEEBERGER: Und wir machen halt nichts, hinter dem wir nicht stehen.

MÜLLER: Wir sind Überzeugungstäter.

POLT: Und glaubst du, daß der Charlie Chaplin die Welt verändern wollte? Nie. Der wollte erst mal eine Geschichte erzählen.

MÜLLER: Ja, das mein' ich ja. Also wenn ich da einen Vergleich oder eine Parallele suchen würde, dann würde mir ein Film wie ›Moderne Zeiten‹ am ehesten einfallen.

POLT: Aber, um auf den Anfang zurückzukommen, auch im Komischen wollen wir immer authentisch bleiben.

MÜLLER: Eigentlich wählen wir nur geschickte Ausschnitte aus der Realität und montieren sie so, daß daraus eine Geschichte wird.

POLT: Ganz wichtig ist auch bei ›Kehraus‹, wenn man das mal sagen darf, daß uns allen die Arbeit an dem Film unheimlich Spaß gemacht hat.

Der Stab

Produzent	Hans Weth
Regie	Hanns Christian Müller
Buch	Hanns Christian Müller, Gerhard Polt und Carlo Fedier
Kamera	James Jacobs
Schnitt	Thea Eymesz
Ton	Michael Lau und Christian Schubert
Original-Filmmusik	Hanns Christian Müller
Maske	Jutta Saewert
Kostüme	Gudrun Schretzmeier
Ausstattung	Winfried Hennig
Produktionsleitung	Günter Prantl
1. Aufnahmeleiter	Fred Berger
2. Aufnahmeleiter	Toni Hirtreiter
Produktionssekretärin	Barbara Grundler, Andrea Haberstolz
Geschäftsführung und Kasse	Henning Rothkopf
Regie-Assistenz und Script	Gertraud Kurz
Kamera-Assistenz	Toni Hofmann
2. Kamera	Peter Rohe
2. Kamera-Assistenz	Horst Becker
Schnitt-Assistenz	Sylvana Zafosnik
Bühne/Beleuchtung	Uwe Hagenbach, Hans Krügler, Josef Kopp
Ton-Assistenz	Christian Götz
Standfotos	Karl Reiter, Claudette Barius, Patrick La Banca
Masken-Assistenz	Gisela Dlugos
Garderobe	Elisabeth Irmer
Garderobenhilfe	Jana Übermaser

Außenrequisite	Claus Kottmann
Innenrequisite	Franz Bauer
Bühne-Bau	Bernd Hirskorn
Bau-Hilfe	Alfred Ullrich
Produktionsfahrer	Jochen Meyer
Komparsenbetreuung	Werner Thielo

EIN SOLARIS Film

Die Darsteller und ihre Rollen

Ferdinand Weitel, Gabelstaplerfahrer	Gerhard Polt
Annerose Waguscheit, Sekretärin	Gisela Schneeberger
Arno von Mehling, Versicherungsvertreter	Nikolaus Paryla
In der Chefetage:	
Dr. Berzelmeier	Dieter Hildebrandt
Prof. Heinzel	Jochen Busse
Dr. von Rüden	Hans Günther Martens
Heidi Mattusek, Sekretärin	Hansi Jochmann
Herr Ott, Videotechniker	Alex Vaupel
Feinkost-Lieferant	Werner Thielo
Frl. Bauer, Sekretärin	Heide Schneeberger
Im sechsten Stock:	
Winfried Deutelmoser	Karl Obermayr
Fritz Bemmerl, Bote	Hans Stadtmüller
Mann mit Nase	Gunnar Holm-Petersen
Markus Wandrey, Neo-Nazi	Peter Welz
Heinz Böhm, Kalauer-Sammler	Wolfgang Gropper
Gerda Jessike	Helena Rosenkranz
Frau Popcovic, Putzfrau	Helene Kongioumoyelos
Zu Hause:	
Waguscheits Mutter	Elisabeth Welz
Elfriede Deutelmoser	Marianne Lindner
Herr Jessike	Harry Täschner
Auf dem Ball:	
Bardame Rosi	Erika Deutinger
Frl. Myriam, die es nie aus der Toilette schafft	Veronika Faber

Nicky Wondrazil, Geschäftsführer	Bruno Jonas
Frau Demmler, Garderobenfrau	Monika John
Anna Gierl, Klofrau	Maria Singer
Frau Humpel, Garderobenfrau	Ursula Soremba
Schwanthaler, Oberordner	Konrad Beust
Sepp, Ordner	Horst Poikert
Mike, Ordner	Egon Keresztes
Herr Friedel, Kostümverkauf	Horst Pasderski
Fürst, Eingangskontrolle	Josef Glas
Zimmermann, Eingangskontrolle	Horst Tomayer
Herr Hitzel, der immer vor der Toilette wartet	Michael Wachsmann
Dr. Amöbius, Amateur-Entertainer	Gottfried Drexler
Jeanette, Bardame	Veronika von Quast
Nadine, Bardame	Claudia Raab
Uschi, Bardame	Sylvia Edmeier-Engelmann
Herr Rösner, der hinausgeprügelt wird	Erhard Kölsch
Entertainer	Gery Thiele
Pförtner, Ballsaal hinten	Gustl Datz
Dr. Kern	John Fischer
Sänger der Ballkapelle	Conny Jahn
1. Fahrkartenkontrolleur	Georg Greis

Laufzeit:	96 Minuten
Länge:	2621 Meter
Aufnahmematerial:	KODAK Eastman Color Highspeed, 35 mm, gefilmt mit ARRIFLEX-Kameras

Aufnahmeformat:	1 : 1,66
Kopien von:	BAVARIA-Kopierwerk
Drehzeit:	19. 4.–27. 5. 1983
Verleih BRD:	NEUE CONSTANTIN
Produktion:	SOLARIS (Logo SOLARIS verwenden) München in Zusammenarbeit mit Maran-Film

HEYNE BÜCHER

HEYNE FILMBIBLIOTHEK

Unvergeßliche Stars
Große Filme
Geniale Regisseure

32/59 - DM 9,80

32/57 - DM 8,80

32/50 - DM 9,80

32/54 - DM 9,80

32/1 - DM 5,80

32/24 - DM 7,80

32/58 - DM 9,80

32/53 - DM 7,80